BARBARA HOLLAND A HAZEL LUCAS

Gofalu am ein Daear

Y BYD O'N CWMPAS

Addasiad Cymraeg gan Dylan Williams

GOMER

ⓗ Lion Publishing plc 1990

Cyhoeddwyd gyntaf gan
Lion Publishing plc
Sandy Lane West,
Littlemore, Oxford, Lloegr
Teitl gwreiddiol:
Caring for Planet Earth:
The World Around Us
Cynlluniwyd gan **Graham Round**
ISBN gwreiddiol 0 7459 1350 4

Argraffiad Cymraeg cyntaf 1990

ⓗ y testun Cymraeg: Dylan Williams

Dymuna'r cyhoeddwyr gydnabod cymorth a chyfarwyddyd Adrannau'r Cyngor Llyfrau Cymraeg
a noddir gan Gyngor Celfyddydau Cymru.

Dyfynnwyd o *Y Beibl Cymraeg Newydd,* ⓗ Y Gymdeithas Feiblaidd Frytanaidd
a Thramor 1988, ym mhenodau 8 ac 20.

Cyhoeddwyd gan
Wasg Gomer
Llandysul, Dyfed, Cymru
ISBN 0 86383 664 X

Argraffwyd yng Ngwlad Belg

CYNNWYS

RHYFEDDODAU LU—UN CYNLLUN

Mae ein byd ni yn llawn o anifeiliaid a phlanhigion rhyfeddol. Down o hyd i rai ohonyn nhw yn bell i ffwrdd ond mae llawer o rai eraill ar garreg y drws. Gallech ddysgu am bethau byw ar hyd eich oes gan ddarganfod rhywbeth newydd o hyd ac o hyd.

Fe all fod y planhigion sydd ar gael mewn un rhan o'r byd yn wahanol iawn i'r rhai sydd ar gael mewn rhan arall. Y rheswm am hyn yw bod mathau gwahanol yn addas i amgylchiadau byw gwahanol. Mae'r pridd a'r hinsawdd yn effeithio ar y math o blanhigyn a all dyfu yno, a bydd y pethau hyn, yn eu tro, yn effeithio ar y math o anifeiliaid a all fyw yno. Gelwir pob math yn rhywogaeth.

Yr enw a roddir ar yr amodau byw yw amgylchedd. Pe byddech yn teithio hyd a lled y byd, byddech yn gweld amgylcheddau o lawer math: glaswellt, coedwig, diffeithwch, mynyddoedd. Mae pob un lle yn bwysig ac yn arbennig.

Cynefin yw'r enw a roddir ar gartref creadur byw. Gall y cynefin fod yn hen dwmpath o ddail neu yn goedwig neu yn bwll. Mae miliynau o fathau gwahanol o gynefinoedd yn ein byd.

Ac ym mhob un ohonyn nhw mae bywyd planhigion ac anifeiliaid yn asio gyda'i gilydd fel jig-so, yn un cynllun gogoneddus. Mae'r haul yn rhoi gwres a golau; defnyddir hyn gan blanhigion i wneud eu bwyd eu hunain o garbon diocsid, dŵr a maeth o'r pridd. Planhigion, wrth gwrs, yw bwyd mathau gwahanol o greaduriaid mawr a bach, ac fe allai'r rhain, yn eu tro, gael eu bwyta gan anifeiliaid eraill. A phan fydd pethau byw yn marw, fel y mae'n rhaid iddyn nhw wneud, byddant yn dadfeilio i elfennau syml y gellir eu defnyddio eto. Does dim byd yn cael ei wastraffu: mae popeth yn cael ei ailgylchu yn rhan o gynllun enfawr. Gelwir clwstwr o rywogaethau sy'n dibynnu ar ei gilydd yn y modd hwn, ynghyd â'u hamgylchfyd, yn ecosystem.

Mae'n bwysig tu hwnt bod yr ecosystem yn gweithio'n iawn; rhaid i ddigon o bob rhywogaeth dyfu'n ddigon hen i gael epil. Yn y modd hwn, ni fydd y rhywogaeth yn darfod o'r tir, a gall bob un chwarae ei rhan bwysig yn y cynllun cyflawn.

ADDASIADAU RHYFEDDOL

Mae gan rai anifeiliaid a phlanhigion nodweddion arbennig sy'n eu helpu i fyw mewn llefydd anodd. Ble bynnag y bydd hynny, fe fyddan nhw'n cymryd eu lle yn nhrefn gymhleth ecosystem pethau byw.

Cadw'r oerfel draw

Bydd llawer o blanhigion yn paratoi ar gyfer y gaeaf drwy fynd i gysgu. Colli eu dail y bydd rhai, tra bydd eraill yn lled farw fel nad oes dim ond bwlb neu wreiddyn ar ôl yn gynnes o dan y pridd. Bydd rhai anifeiliaid yn gaeafgysgu hefyd, gan fwyta cymaint ag y gallan nhw cyn gwneud eu gwâl mewn cilfach glyd. Tyfu blew trwchus fydd eraill.

Yn Antarctica bydd y pengwiniaid Brenhinol yn amddiffyn eu cywion rhag yr oerfel drwy eu cadw ar draed yr oedolion ym mhlygion eu plu cynnes.

Dengys y gadwyn fwyd seml hon sut y cysylltir planhigion ac anifeiliaid mewn un ecosystem.

Mae ynni o'r haul yn helpu planhigion gwyrdd, megis y rhosyn gwyllt hwn, i dyfu.

Mae'r wenynen yn casglu neithdar y rhosyn.

Delir y wenynen, a'i bwyta gan ddelor. Mae nifer o adar yn bwyta planhigion ac anifeiliaid.

Pan fydd y llwynog yn marw, bydd bacteria a 'datgymalwyr' eraill yn torri corff yr anifail marw i lawr i fwynau a hwmws. Bydd y rhain yn bwydo'r pridd ac yn peri i blanhigion ffynnu.

Cael digon o fwyd

Teithiai rhai creaduriaid bellteroedd mawr i chwilio am fwyd.

Mae eliffantod yn bwyta cymaint fel eu bod nhw'n gorfod crwydro'n barhaus.

Bydd môr-wennol y gogledd yn hedfan tua 18,000 km (11,000 o filltiroedd) o diroedd Pegwn y Gogledd i Dde Affrica neu i'r Antarctig, yn ôl y tymor.

Cadw bwyd ar ffurf braster yn ei grwb yw dull y camel o'i amddiffyn ei hun rhag newyn.

Bydd hyd yn oed nionod (winwyn) a chennin Pedr yn cadw bwyd yn eu bylbiau.

Gwneud heb ddŵr

Gall camelod fynd am ddyddiau heb ddŵr. Mae'n wir eu bod yn teneuo'n ddifrifol ond fe allan nhw barhau i weithio. Ond pan ddôn nhw o hyd i ddŵr fe yfan nhw alwyni lawer mewn ychydig funudau, ac edrych fel newydd yn fuan iawn!

Cadw dŵr yn eu bonion neu yn eu dail trwchus, tew fydd planhigion yr anialwch, megis y cactws.

Twyllo'r gelyn

Osgoi eu gelynion drwy ymdoddi i'r cefndir yw tric rhai creaduriaid. Rhedeg i ffwrdd fydd eraill. Bydd y drewgi'n chwistrellu hylif ffiaidd tuag at ei ymosodwyr, tra bydd y porciwpin yn troi i fod yn belen o bigau. Pigau a drain yw dull rhai planhigion o amddiffyn eu hunain hefyd.

A dyna greadur rhyfeddol yw gwryw y broga Darwin. Bydd ef yn amddiffyn wyau ei gymar drwy eu llyncu. Neidia'r penbyliaid allan o'i geg pan fyddan nhw'n frogaod!

Ni chaiff y planhigyn gwlithlys (enw arall arno yw gwlith yr haul) ddigon o faeth o'r tir gwael y mae'n byw ynddo. Dyna pam y bydd yn dal trychfilod ar ei betalau gludiog pinc. Bydd yn treulio'r creaduriaid drwy eu toddi.

Mae llwynog yn dal ac yn bwyta'r delor. Bwytawr cig —sef creadur sy'n bwyta anifeiliaid eraill—yw'r llwynog.

BETH WELWCH CHI?

Os oes gennych ardd, neu os ydych yn byw ger tir go wyllt, mesurwch a marciwch fetr sgwâr o'r tir hwnnw a cheisiwch gyfri sawl creadur sy'n byw ynddo. Cofiwch godi cerrig i weld beth sydd odditanynt gan nad yw pob anifail yn byw ar yr wyneb. Yna, astudiwch yr un lle dan amgylchiadau tywydd gwahanol, a gwnewch nodiadau ar yr hyn welsoch chi. Fe allech gael eich rhyfeddu.

Lluniwch boster o'r planhigion a'r anifeiliaid sy'n byw yn eich ardal chi. Holwch beth yw eu bwyd, pa dywydd sydd orau ganddyn nhw, a sut maen nhw'n eu hamddiffyn eu hunain rhag eu gelynion.

Ond cofiwch mai gofal a synnwyr cyffredin piau hi!

COEDWIGOEDD LLAWN BYWYD

Os ydych chi wedi cerdded drwy goedwig erioed, fe fyddwch yn gwybod pa mor dywyll a chyfrinachol y gall y lle fod. Mae'n dilyn, felly, bod yn rhaid i blanhigion sy'n tyfu ar lawr y goedwig ffynnu mewn cysgod. Mae'n rhaid bod y gallu ganddyn nhw hefyd i gystadlu â'r coed am faeth o'r pridd. Gall anifeiliaid y goedwig guddio yn y prysgwydd cysgodol a darganfod cartrefi mewn coed cau. Gall coedwig ddarparu amgylchedd arbennig sy'n gynefin i bob math o greaduriaid byw.

DAIL CYSGODOL

Fel y mae'r enw'n ei awgrymu bydd coed collddail yn colli eu dail bob blwyddyn. Cyn i bobl glirio'r tir gorchuddid llawer o Gymru a gweddill Ewrop â choedwigoedd collddail. Mae ceirw, cwningod, llwynogod a gwiwerod wrth eu bodd yn byw yn y math yma o goedwig. Ym mrigau'r coed fe geir niferoedd o nythod, ac os nad yw'r gaeafau'n rhy erwin fe allan nhw aros yno ar hyd y flwyddyn gan fwydo ar hadau ac aeron.

Yn y coedwigoedd gwreiddiol fe geid coed anferth a gymerodd ganrifoedd i dyfu, ond erbyn heddiw prin iawn yw'r ardaloedd na chafodd eu hysbeilio ar gyfer torri coed.

Mae coedwigoedd collddail fel y bedw hyn yn gynefin i amryw o fathau gwahanol o drychfilod, adar a mamaliaid.

COEDWIGOEDD OER

Gall coed cóniffer dyfu mewn ardaloedd oer megis rhannau o Ganada a gogledd Ewrop lle na all coed eraill ddechrau byw. Bydd y coed hyn yn tyfu'n gyflym yn yr hafau byr, oerllyd gan gadw eu dail cwyrog, nodwyddog ar gyfer gwneud bwyd ar hyd y flwyddyn. Yn ystod y gaeaf bydd yr eira yn llithro'n hawdd oddi ar y dail hyn. Gan fod y dail yn rhwystro llawer o oleuni rhag cyrraedd llawr y goedwig, prin yw'r tyfiant pan fo'r cysgod yn drwm. Y canlyniad yw llawr wedi ei orchuddio â chwrlid meddal o hen ddail nodwyddog.

Gwelir llawer o nythod yn y coed uchel, er mai ond ychydig o adar sy'n meiddio aros i herio'r gaeafau enbyd a'r dyddiau byr. Bydd rhai o drigolion y goedwig — gwiwerod, er enghraifft — yn byw ar fwyd a geir o blanhigion, megis cnau a hadau. Bydd eraill, fel y racŵn a'r afanc, yn bwyta pysgod o'r llynnoedd a'r nentydd. Er bod eirth yn bwyta hadau a mêl, fe fyddan nhw'n dal pysgod ac yn hela anifeiliaid bach hefyd.

Bydd yr arth ddu Americanaidd yn crafu coed ac yn cnoi'r rhisgl er mwyn rhoi gwybod i eirth eraill ei bod hi yno.

COEDWIGOEDD GLAW

O amgylch y cyhydedd y ceir y coedwigoedd hyn. Bu llai o darfu arnyn nhw nag ar ardaloedd eraill ac fe geir ynddyn nhw fwy o rywogaethau o anifeiliaid a phlanhigion nag yn unlle arall yn y byd.

Mae'r coed yn y coedwigoedd yn ffynnu yn y gwres a'r lleithder, ac nid yw'n anarferol gweld boncyff talsyth 30 metr (100 troedfedd) o uchder. Ar frig y coed mae'r canghennau deiliog yn agor allan yn helaeth i ffurfio to a elwir yn gánopi. Ychydig o blanhigion sy'n tyfu yn y cysgod trwm, ond yn y mannau lle gall pelydrau'r haul dreiddio drwy'r cánopi mae'r tyfiant yn drwchus ac yn lluosog. Yr enw ar y tyfiant hwn yw jyngl.

Llwyddodd rhai o blanhigion y goedwig-law i ddatrys problem darganfod golau drwy dyfu ar ben y coed eu hunain. Gelwir y planhigion hyn yn epiffitiaid. Bydd eu hadau'n ymwthio i holltau rhwng y canghennau ac yn tyfu yno. Fe all eu gwreiddiau hongian i lawr i gasglu lleithder o'r awyr, neu fe allan nhw ddal dŵr yn eu dail siâp twmffat. Y dŵr hwn, hefyd, sy'n darparu pyllau uchel i frogaod y coed!

Mae'r eliffant, y tapir, yr ocapi, mathau o antelop a cheirw i gyd i'w canfod mewn coedwigoedd glaw trofannol mewn gwahanol rannau o'r byd. Yma y gwelir cathod mawrion, fel y siagwar, yn hela'u prae.

I fyny yn y cánopi, lle mae digon o fwyd, ceir llu o anifeiliaid— y wiwer ehedog a'r llygod dringo a hefyd fwncïod. Epaod yw'r simpansî a'r gorila sy'n byw yng nghoedwigoedd glaw Affrica ac, fel rheol, ar lefel is na'r mwncïod.

Yn cadw sŵn yn yr awyr mae parotiaid, macoaid ac adar paradwys prydferth. Ac yng nghoedwigoedd De America mae cartref yr eryr mwyaf yn y byd, eryr *harpy*.

Yn gwingo o amgylch boncyffion ceir nadroedd cryf yn aros am ysglyfaeth, ac yn crogi o ganghennau gwelir pryfaid cop anferthol. Glöynnod byw sy'n fflitian yn y golau gwyrdd a chwilod du cawraidd sy'n llercian yn y tywyllwch.

O lawr y goedwig hyd at y cánopi mae'r jyngl yn llawn o fywyd gwyllt. Yn y goedwig-law hon yn Ne America gwelir: (1) mwnci howler, (2) boa goeden emrallt, (3) aderyn si, (4) blodyn gwynwydden fflam, (5) tapir a'i epil, (6) macô, a (7) glöyn byw *Morpho cypris*.

GWASTADEDDAU GWELLTIOG

Dychmygwch wlad lydan wastad neu wlad o dir sy'n tonni'n ysgafn. Yn gorchuddio hwn mae gwelltydd tal sy'n plygu yn y gwynt, ac yn crychu'n fôr o wyrdd a melyn.

Llefydd lle mae diadelloedd o anifeiliaid yn crwydro am borfa, a lle mae adar, trychfilod ac anifeiliaid eraill yn ymochel yn y gwellt uchel yw gwastadeddau gwelltiog y byd. Dyma gynefin y cigfwytawyr sy'n dilyn eu prae, a'r fan lle mae'r creadur mwyaf cyfrwys—neu'r un cyflymaf—yn ennill y dydd.

SAFANNA AFFRICA

Safanna yw'r enw a roddir ar wastadeddau gwelltiog Affrica. Ar welltiach a mân goed y safanna y bydd y sebra, y byffalo, y *wildebeest,* yr antelop a'r jiráff yn pori. Y rhain, yn eu tro, yw bwyd y llewod, y llewpartiaid a'r tsitaod, ac wedi iddynt ddal eu prae a chael eu gwala, daw adar i bigo'r esgyrn yn lân. Gall bywyd fod yn greulon i anifail ifanc, araf neu wan; ond mae digon yn goroesi i barhau'r hil.

Yma hefyd y gwelir tri anifail mwya'r byd ar dir sych—a mwdlyd—sef yr eliffant, y rheino a'r hipo.

Yn ôl eu traed bydd crychydd y da yn dilyn i fwyta'r trychfilod a gynhyrfir gan y pwysau mawr. Ac ar gefn y rheinos caiff adar llau fodd i fyw drwy fwyta'r mân drychfilod annifyr sy'n byw ar groen trwchus yr anifail. Dyma sut y bydd anifeiliaid yn helpu ei gilydd i gyd-fyw.

Yng ngolwg mynydd Kilimanjaro mae gyrr o antelop a sebra'n pori ar y safanna. Gall gyrr o anifeiliaid amddiffyn ei gilydd i raddau rhag y cig-fwytawyr sy'n ymosod arnyn nhw.

Y STEPPE A'R PAITH

Adwaenir gwastadeddau enfawr Ewrop ac Asia fel y steppes. Fel arfer bydd yr ardaloedd hyn yn cael hafau poeth, gaeafau oer iawn ac ychydig o law o un pen y flwyddyn i'r llall. Ceir eangderau o dir gwelltiog ynghyd â rhai planhigion sy'n blodeuo, ond dim ond ar lannau afonydd a llynnoedd y bydd coed yn tyfu.

Paith yw'r enw ar diroedd tebyg yn America. Ar un adeg, dyma oedd cartref gyrroedd enfawr o bison, ond erbyn heddiw, tir amaeth yw llawer o'r hen baith.

Oherwydd yr holl hela a fu arnyn nhw yn ystod y ganrif ddiwethaf, bu bron i'r bison Americanaidd ddiflannu'n gyfan gwbl. Dim ond mewn gwarchodfeydd natur y deuir o hyd iddyn nhw heddiw.

Bydd gwiwerod y paith yng Ngogledd America yn codi gwrym o bridd o amgylch eu daear er mwyn cadw dŵr draw. Cawsant eu herlid gan ffermwyr gwartheg.

GWASTADEDDAU AWSTRALIA

Mae llawer o'r anifeiliaid sy'n byw ar wastadeddau Awstralia yn annhebyg i unrhyw greaduriaid eraill yn y byd. Yr enwocaf o'r rhain yw'r cangarŵ a'r walabi a all sboncio ar eu taith ar gryn gyflymder.

Gall y cyw cangarŵ, neu'r *joey* fel y'i gelwir, fwyta heb adael diogelwch pwrs ei fam.

AMGYLCHEDDAU GARW

Nodwedd rhai mathau o lefydd byw —amgylcheddau—yw eu bod naill ai'n oer iawn, neu'n boeth iawn, neu'n meddu ar ychydig iawn o bridd. Mae hi'n anodd i ddim fyw yno. Ac eto, hyd yn oed yn y llefydd gerwinaf down o hyd i bethau byw sydd wedi eu haddasu'n rhyfeddol ar gyfer goroesi.

BYD Y COPA

Mae copa mynydd yn oerach na'i droed, ac mae llawer copa uchel o dan eira drwy'r amser.

Yn Andes De America, tyf blodau prin mewn holltau cysgodol rhag y gwynt. Nytha'r eryr a'r condor ar greigiau serth yn ddiogel rhag eu gelynion, ond eto gallant weld eu hysglyfaeth yn y dyffrynnoedd islaw. A gall y lama sicr ei droed gyrraedd bwyd ar silffoedd creigiog na all yr un anifail arall eu cyrraedd.

BYWYD YN YR ARDALOEDD PEGYNOL

A ellwch chi ddychmygu byw mewn lle sydd wedi'i orchuddio ag eira a rhew drwy'r flwyddyn bron â bod? Fel hyn y mae hi yn yr ardaloedd o gwmpas Pegynau'r Gogledd a'r De. Mae gan anifeiliaid y parthau hyn broblemau arbennig wrth geisio dod o hyd i fwyd.

Yr Arctig

Does 'na ddim tir ym Mhegwn y Gogledd, ond mae mannau mwyaf gogleddol Gogledd America, Gwledydd Llychlyn, yr Undeb Sofietaidd a'r rhan fwyaf o Grønland, yn yr ardal a elwir yn Arctig.

Yn y gaeaf mae hi'n eithriadol o oer ac mae eira ym mhobman, ond yn yr haf gall fod yn eithaf cynnes am rai misoedd. Bryd yma, dros ran helaeth o'r Arctig, a elwir yn twndra, bydd yr eira'n toddi a bydd gwelltiach a mwsogl a phlanhigion bychain yn tyfu. Dyma fwyd nifer o greaduriaid.

Ymwelwyr dros yr haf yn unig yw llawer ohonynt, sef ceirw Llychlyn, ychen mwsg ac elc, ac fe ddônt yno i chwilio am borfa newydd. Mân gnoi ar y dail fydd creaduriaid llai fel y lemingod, llygod y maes, a'r ysgyfarnogod.

Yn eu tro gall y rhai bach hyn fod yn ysglyfaeth i'r llwynogod a'r bleiddiaid sy'n byw yn yr ardal. Y creadur mwyaf a'r peryclaf yw'r arth wen sy'n treulio'r rhan fwyaf o'i hamser ar y rhew yn hela morloi a physgod, ond bydd yn ymosod ar greaduriaid eraill o dro i dro.

Ceir hefyd nifer helaeth o adar yn byw ar y twndra, er mai ymwelwyr haf yn unig yw llawer ohonyn nhw.

Yr Antarctig

Antarctica yw enw'r cyfandir mawr ym Mhegwn y De. Yma y ceir y tymheredd isaf ar y ddaear, sef tua 87°C o *dan* y rhewbwynt. Mae'r tir wedi'i orchuddio â rhew, er y bydd darnau bach o'r rhew hwnnw ar gyrion y cyfandir yn meirioli yn yr haf gan adael i fwsogl a chen dyfu.

Y pengwiniaid yw trigolion enwocaf Antarctica. Maen nhw'n byw mewn heidiau mawr o filoedd o adar sy'n hel at ei gilydd i gadw'n gynnes.

Yr arth wen yw heliwr cryfaf a mwyaf yr Arctig.

Moroedd y pegynau

Er bod moroedd y pegynau yn ofnadwy o oer, maen nhw'n llawn o bethau byw—algae, cril, pysgod, morloi a morfilod.

Mamaliaid yw'r morloi a'r morfilod ac mae ganddyn nhw haenen o fraster a elwir yn blybyr i'w cadw'n gynnes. Ond mae gan y pysgod gemegyn arbennig yn eu gwaed sy'n rhwystro rhew rhag ffurfio yn eu cyrff.

Bydd pysgod a morfilod yn byw ar algae (math o blanhigyn) a chril (creaduriaid mân y môr), ac mae'r morloi'n byw ar y pysgod.

Mae'r awyr sy'n cael ei ddal rhwng plu'r pengwiniaid Adélie hyn yn eu helpu i gadw'n gynnes yn nyfroedd rhewllyd Cefnfor y De.

YR ANIALWCH BYW

Amgylchedd arbennig iawn yw'r anialwch poeth; ceir llawer o dywod a cherrig moel ac ychydig o ddŵr. Byddech yn disgwyl i'r creaduriaid sy'n byw yma allu dod i ben ag ychydig o ddŵr—ac felly yn union y mae hi.

Planhigion sy'n cadw dŵr

Mae pob planhigyn yn cymryd dŵr i mewn trwy ei wreiddiau ac yn ei golli trwy ei ddail. Gall gwreiddiau planhigion yr anialwch poeth ymestyn i lawr am fetrau yn eu hymdrech i chwilio am leithder.

Planhigyn arbennig sy'n tyfu mewn sawl anialwch yng Ngogledd America yw'r cactws. Yn lle dail mae ganddo bigau nad ydynt yn colli cymaint o leithder. Mae gan y cactws hefyd fonyn praff sy'n cadw dŵr. Pan ddaw glaw bydd y cactws yn blodeuo, gan gynnig bwyd i nifer o drychfilod yr anialwch.

Dianc rhag y gwres

Turio o dan y tywod i ddianc rhag y gwres yw dull un crwban o fyw yn yr anialwch poeth. Mae'n bosib y bydd rhaid iddo rannu'r guddfan hon â nadroedd gwenwynig, trychfilod, llyffantod yr anialwch neu lygod-cangarŵ. Gallai gwiwerod y tir guddio yma hefyd.

Cartref y gnocell Gila yw twll braf ym monyn y cactws Saguaro. Wedi i'r gnocell fudo hwyrach y daw tylluan gorachaidd i'r twll.

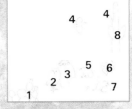

Yn yr anialwch hwn yng Ngogledd America ceir tri math o gactws: *Opuntia* (1), *Echinocereus* (3) a'r *Saguaro* (8), tylluan durio (2), cnocell Gila (4), gwiwer y ddaear (5), neidr gynffondrwst (6) a llygoden-gangarŵ (7).

BYD Y DŴR

Mae tua thri chwarter y ddaear o dan ddŵr. Dŵr hallt y moroedd a'r cefnforoedd yw'r rhan fwyaf ohono, ond mae llawer o ddŵr croyw mewn llynnoedd ac afonydd.

Yn y dyfroedd hyn ceir amrywiaeth ryfeddol o fywyd, o forfilod enfawr y cefnforoedd i bysgod bach sy'n byw ar gwrel dyfroedd y trofannau. Er mwyn darganfod sut mae rhai o'r rhain yn byw fe allech gymryd golwg ar bwll, llyn neu ar lan y môr. Mae gan bob un ei fyd bach ei hun.

BYWYD MEWN PYLLAU, LLYNNOEDD A NENTYDD

Os ewch at bwll neu nant a gwylio'n ofalus a distaw am rai munudau, fe welwch lawer o greaduriaid gwahanol. Hwyrach mai'r pethau amlycaf fydd hwyaid neu fathau eraill o adar y dŵr yn nofio'n hamddenol neu'n eistedd yng nghanol yr hesg.

Yn yr haf mae'n bosib y gwelwch chi was y neidr amryliw neu fathau eraill o drychfilod ehedog yn hofran uwchben y dŵr yn chwilio am bryd o fwyd. O dan y dŵr gall fod chwilod y dŵr, malwod dŵr a llawer math o bysgod. Mae'n bosib y gwelwch chi

amffibiaid, megis brogaod neu lyffantod sy'n dod i'r pwll i genhedlu.

Os byddwch chi'n lwcus iawn, gallech weld yr anifeiliaid blewog hynny sy'n cartrefu wrth lannau'r dŵr. Mae'n dibynnu ble'r ydych chi'n byw ond hwyrach y gwelwch chi lygod y dŵr, dyfrgwn, coipw neu afancod. Yn y dorlan y bydd y mwyafrif o'r rhain yn cartrefu, ond bydd yr afancod, sy'n feistri ar adeiladu, weithiau'n adeiladu argae o frigau a changhennau yng nghanol yr afon.

Yn y gwledydd

trofannol bydd llawer o anifeiliaid mwy, megis y crocodilod a'r hipo, yn byw mewn afonydd a llynnoedd.

Wrth gwrs, mae'r coed a'r planhigion sy'n tyfu ar lannau'r afonydd a'r pyllau'n bwysig iawn i'r anifeiliaid hyn. Bydd rhai'n darparu cysgod a llefydd nythu, tra bydd planhigion y dŵr yn cynhyrchu ocsigen ar gyfer y creaduriaid sy'n byw ynddo.

Hedfanwr cryf a medrus yw gwas y neidr. Fe'i gwelir wrth ddyfroedd mewndirol yn chwilio am drychfilod eraill i'w bwyta.

Mae pyllau fel y rhain yn gartref i amrywiaeth eang o fywyd gwyllt.

BYWYD GLAN Y MÔR

Deuir o hyd i blanhigion a chreaduriaid gwahanol iawn ar lan y môr. Mae rhai glannau'n dywodlyd ac eraill yn greigiog, a pherthyn i'r naill a'r llall ei fath arbennig a gwych o blanhigion a chreaduriaid.

Ffordd dda o ddarganfod mwy am y rhain yw ymweld â'r pyllau yn y creigiau wedi i'r llanw dreio. Yn aml, gorchuddir ochrau'r pyllau â gwymon. Yn is i lawr, hwyrach, y gwelwch chi bysgod cregyn neu hyd yn oed wahanol fathau o sbyngau.

Mewn rhai mannau fe welwch chi anemoni môr; anifail nid planhigyn yw hwn. Pan fydd dŵr yn ei orchuddio bydd yn agor ei freichiau ac yn ceisio dal bwyd. Peth rhyfeddol a phrydferth yw bywyd glan y môr.

Pwy a ŵyr na ddowch o hyd i bysgod bach yn y pyllau, neu gramenogion bychain, megis perdysen a chorgimwch. Yn aml iawn bydd crancod yn ymguddio o dan gerrig neu yn y gwymon i aros i'r llanw ddychwelyd.

Golygfa wych arall yw adar y môr. Daw'r mwyafrif yma i ddal pysgod. Sylwch ar y gwylanod yn plymio ac yn troi, a'r rhydyddion yn dowcian yn y dŵr bas.

Mewn rhai llefydd fe welwch chi anifeiliaid mawr, megis morloi a dolffiniaid, ac mae pawb wrth eu bodd yn edrych arnyn nhw. Maen nhw'n acrobatiaid gwych sydd, yn ôl pob golwg, yn eu mwynhau eu hunain yn fawr.

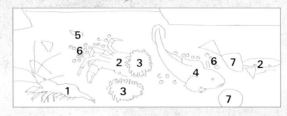

Mae llawer o greaduriaid glan môr i'w gweld ar ein traethau ni. Yn y llun hwn mae gwylan lwyd yn hedfan uwchben tra bod dwy bioden fôr yn llercian ar y creigiau. Yn y pwll fe welir corgimwch (1), cranc (2), anemoniaid y môr (3), bleni (4), a physgod cregyn, megis cregyn boch felen (5), cregyn llong (6) a llygaid maharen (7).

Y BYD MICROSGOPIG

Ydych chi erioed wedi meddwl pam fod bwyd ffres yn troi'n ddrwg mor sydyn, neu sut y mae pobl yn dal clefydau oddi wrth ei gilydd, neu beth sy'n digwydd i wastraff planhigion neu anifeiliaid wrth iddo bydru? Am gannoedd o flynyddoedd bu hyn yn ddryswch i bobl oherwydd nad oedden nhw'n gallu gweld yr organebau microsgopig bach a elwir yn ficrobau sy'n achosi'r effeithiau hyn.

Tua thri chant o flynyddoedd yn ôl dyfeisiodd Isalmaenwr o'r enw Anton van Leeuwenhoek ficrosgop syml a alluogai pobl i weld y byd dirgel hwn. Heddiw ceir pob math o ficrosgopau, gan gynnwys rhai arbennig sy'n caniatáu i rywun chwyddo rhywbeth 500,000 gwaith ei faint arferol! Drwy ddefnyddio'r microsgopau hyn gwyddom fod miliynau o ficrobau o'n cwmpas—yn y ddaear, yn y dŵr, yn ein cyrff ac yn yr awyr yr ydym yn ei anadlu.

Wrth inni feddwl am ein byd mae tuedd inni feddwl yn gyntaf am y pethau mawr a thrawiadol fel mynyddoedd uchel, rhaeadrau ewynnog, planhigion ecsotig neu anifeiliaid anghyffredin. Mae llawer o bobl, gan gynnwys nifer o wyddonwyr, yn edrych ar ryfeddodau mawr ein byd a dweud, 'Allai hyn erioed fod wedi digwydd ar ddamwain. Rhaid bod 'na Greawdwr a ddechreuodd y cyfan a rhoi ffurf iddo.' Wrth inni edrych yn fanylach ar bethau daw hyn yn amlycach fyth: cynlluniwyd popeth, hyd yn oed y manylyn lleiaf—hyd yn oed y pethau na all y llygad eu gweld.

Mae creaduriaid bach y byd microsgopig yr un mor ddiddorol â'r rhai mawr ac, fel y rhai mawr, mae rhai yn ddefnyddiol a rhai yn niweidiol, ond mae'r cwbl yn rhan o fwriad y Creawdwr.

MICROBAU SY'N PERI SALWCH

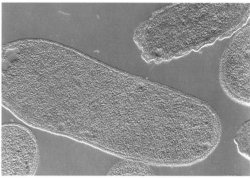

Dyma sut olwg sydd ar facteria *salmonella*, o'i weld o dan ficrosgop pwerus.

Yn aml, gelwir microbau sy'n ein gwneud yn sâl yn germau. Bacteria a firws yw'r mathau mwyaf cyffredin.

Creaduriaid bach iawn yw bacteria. Mae rhai fel y *staphylococci*, sy'n achosi gwenwyn gwaed, yn grwn eu siâp. Mae rhai, fel y *bacilli* sy'n achosi twymyn yr ymysgaroedd, yn hir fel ffon ac yn meddu ar linynnau bychain. Yna, mae rhai eraill fel y *streptococci* sy'n achosi dolur gwddw a'r dwymyn goch yn gadwynau hir.

Bydd bacteria'n atgynhyrchu drwy rannu'n ddwy ran. Yna bydd y ddwy ran yn tyfu i'r un maint â'r un gwreiddiol cyn rhannu'n ddwy unwaith eto. O dan amodau ffafriol gall bacteria ymrannu bob ugain munud. Fedrwch chi ddarganfod sawl bacteria y gellid ei greu o un gell mewn deg awr? Pa syndod ein bod ni'n teimlo'n sâl wedi i facteria ddod i mewn i'n cyrff!

Mae firysau'n llai eu maint na bacteria, a nhw sy'n achosi salwch, megis brech yr ieir, y frech goch a ffliw. Mae AIDS yn gyflwr a achosir gan firws.

Gan ein bod ni erbyn hyn yn gwybod am facteria a firws, mae pobl yn ceisio eu rhwystro rhag achosi niwed.

PARASITAU

Planhigion neu anifeiliaid sy'n byw ac yn bwydo ar gyrff creaduriaid byw eraill yw parasitau. Gelwir y creadur a ddefnyddir fel cartref yn westywr.

Nid yw pob parasit yn ficrosgopig: gellir gweld llau pen, er enghraifft, yn weddol hawdd. Yna, mae chwain yn byw ar groen pobl neu ym mlew anifeiliaid. Bydd y ddau anifail bach yma yn brathu eu gwestywyr ac yn sugno eu gwaed. Er eu bod yn niwsans dydyn nhw ddim yn achosi difrod mawr, a gellir eu difa yn weddol hawdd.

Ond mae rhai parasitau yn llawer peryclach. Gall y parasit bach *Plasmodium* fyw yng ngwaed ac yn iau (afu) person, a phan fydd yno bydd y person yn dioddef o malaria. Mae miliynau o bobl bob blwyddyn yn dioddef o malaria oherwydd bod gwaed sydd wedi'i heintio yn cael ei gario gan fosgito o fath arbennig o'r claf i berson nad yw'n dioddef o'r afiechyd. Gellir gwella malaria wrth ddefnyddio meddyginiaethau arbennig, ond mae llawer yn dal i farw o'r afiechyd.

MICROBAU DEFNYDDIOL

Gwasanaeth sbwriel

Gall microbau ein helpu i gael gwared â sbwriel. Bob dydd crëir gwastraff o flodau a dail marw, carthion anifeiliaid, cyrff creaduriaid marw a llawer o sylweddau eraill. Gall microbau, a mathau arbennig o blanhigion a elwir yn ffwngau, fwydo ar y gwastraff hwn. Wrth wneud hyn maen nhw'n ei dorri i lawr i nwyon a mwynau pwysig sy'n mynd i'r aer neu i'r pridd er mwyn i blanhigion ac anifeiliaid byw eu defnyddio. Meddyliwch sut fyddai hi arnon ni pe na bai hyn yn digwydd!

Microbau'n gweithio i ni

Mae rhai microbau yn ddefnyddiol iawn i ni wrth wneud bwyd a meddyginiaethau. I'r perwyl hwn bydd pobl yn eu tyfu'n fasnachol. Daw'r moddion gwrthfiotig, penisilin, o ffwng gwyrddlas sy'n tyfu ar fara sych a ffrwyth pydredig. Gall hwn ladd rhai mathau o facteria sy'n gwneud pobl yn sâl a'u helpu i wella yn gynt.

Gwneir caws a iogwrt wrth gymysgu llefrith â bacteria.

Ffwng bach o gelloedd crwn sy'n bwydo ar siwgwr yw burum. Wrth iddo fwyta'r siwgwr mae'n troi'n nwy a elwir yn garbon diocsid ac yn sylwedd o'r enw alcohol. Felly, defnyddir burum i wneud diodydd fel cwrw a gwin.

Wrth ddefnyddio burum i bobi mae'r carbon diocsid yn ffurfio swigod bychain yn y toes ac yn peri iddo godi a rhoi ansawdd braf i'r bara.

Rhaid cadw rhai mathau o gaws am fisoedd cyn y bydd yn barod i'w fwyta.

POBI BARA

Gofynnwch i oedolyn a gewch chi bobi bara. Dyma rysáit syml:

5g (¼ owns) burum sych
1 llond llwy de o siwgwr
150ml o ddŵr cynnes
200g (8 owns) blawd bara
pinsiaid o halen

1 Cymysgwch y burum, y siwgwr a'r dŵr. Rhowch ef o'r neilltu nes y bydd y burum yn ewynnu. Cymer hyn tua chwarter awr.

2 Tra bydd hyn yn digwydd, cymysgwch y blawd a'r halen mewn powlen gymysgu a'u gadael mewn lle cynnes.

3 Arllwyswch y gymysgedd o furum i mewn i'r blawd a chymysgwch yn dda i lunio toes meddal.

Ychwanegwch ychydig o ddŵr, os oes raid.

4 Tylinwch y gymysgedd am tua deng munud.

5 Rhowch y toes mewn tun wedi'i iro a'i roi naill ochr nes bydd y gymysgedd wedi chwyddo i ddwywaith ei maint.

6 Craswch y toes mewn popty poeth, 200°C/400°F am tua ugain munud.

Os rhowch chi gynnig ar y rysáit hwn heb furum, bydd modd i chi gymharu ansawdd y bara, a gweld pa wahaniaeth yn union mae'r burum yn ei wneud.

BYD SY'N NEWID

Mae'r bywyd gwyllt mewn unrhyw fan arbennig wedi'i addasu i fyw yno, ac mae'r holl greaduriaid sy'n byw yn y cynefin yn dibynnu ar ei gilydd mewn rhyw ffordd neu'i gilydd. Byddai unrhyw newid yn effeithio ar y cydbwysedd.

Gall newid ddigwydd mewn ffyrdd gwahanol. Gallai corwynt fwrw'r coed i lawr a dinistrio cartrefi pob math o adar a thrychfilod gan wneud iddyn nhw orfod chwilio am lefydd newydd i fyw. Gallai gaeaf anarferol o oer ddifa llawer o anifeiliaid gan adael ond ychydig ohonyn nhw ar gyfer y tymor nesaf. Gallai llosgfynydd ffrwydro a gorchuddio dyffryn ffrwythlon â lafa, lludw a mwd. Gallai pobl benderfynu clirio coedwig gyfan er mwyn cael mwy o dir ffermio a lle i adeiladu tai.

Os gorfodir cymuned o flodau a phlanhigion i wynebu newid i'w cynefin, beth allan nhw ei wneud? Mae rhai yn addasu ac yn elwa o'r newid. Mae eraill mewn perygl o ddiflannu. Weithiau gall rhywogaeth gyfan o greaduriaid a phlanhigion ddarfod o'r tir.

FEDRWCH CHI ADDASU?

Meddyliwch am y tŷ yr ydych chi'n byw ynddo a'r holl fathau gwahanol o ddillad sydd gennych ar gyfer tywydd a thymhorau gwahanol. Gan eich bod yn gallu meddwl a chynllunio, gellwch ymateb i newid.

Pa newidiadau fyddai'n rhaid i chi eu gwneud pe bai'r gaeafau'n llawer oerach nag arfer, a phe bai'r hafau'n llawer poethach? Lluniwch restr o'r newidiadau, neu tynnwch lun ohonoch eich hun a'ch tŷ a'ch dillad newydd.

HANES YN Y CREIGIAU

Os edrychwch chi ar wynebau clogwyni neu fannau eraill lle nad oes dim i guddio'r graig, mae'n bosib y gwelwch chi haenau o greigiau gwahanol. Ffurfiwyd y rhain wrth i haenau o fwd a thywod orffwys ar ben ei gilydd o dan y moroedd flynyddoedd maith yn ôl. Mae'r haenau hynaf o dan y rhai mwy diweddar. Yn rhai o'r haenau hyn down o hyd i ffosilau, sef gweddillion pysgod, planhigion ac anifeiliaid a gladdwyd yn y mwd.

Mae astudio ffosilau mewn creigiau o bob oed wedi dangos bod rhai rhywogaethau wedi goroesi hyd heddiw, er eu bod wedi newid eu ffurf i gyd-fynd â'r amgylchedd newydd. Mae rhywogaethau eraill wedi peidio â bod. Ar un cyfnod roedd deinosoriaid yn rhywogaeth arbennig o lwyddiannus, ond yn sydyn fe fuon nhw farw o'r tir. Rhaid bod rhyw newid mawr wedi gwneud bywyd yn amhosibl iddyn nhw.

Pa anifeiliaid fydd yn goroesi?

Er na all anifeiliaid a phlanhigion feddwl a datrys problemau fel y medrwn ni, mae ganddyn nhw'r gallu i addasu a goroesi.

Bydd y math o greadur fydd yn goroesi yn dibynnu ar natur y newid. Yn gyffredinol, fodd bynnag, y rheini a all genhedlu'n sydyn ac sydyn i'w cael mewn niferoedd mawrion yw'r tebycaf o oroesi'n dda.

Meddyliwch am drychfil sy'n bwydo ar neithdar blodau. Un flwyddyn, oherwydd natur y tywydd, dim ond planhigion â blodau hir arnyn nhw sy'n llewyrchus. Bydd y trychfilod hynny sy'n meddu ar dafodau hir i gyrraedd y neithdar yn y blodau hynny fyw tra bydd eu cyfeillion tafod byr yn trengi.

Felly, y trychfilod tafod hir yn unig sy'n byw'n ddigon hir i ddodwy'r wyau ar gyfer y genhedlaeth newydd. Gan fod y mwyafrif o'r epil yn tynnu ar ôl eu rhieni, bydd gan y rhai bach dafodau hir hefyd. Cyn bo hir, bydd gan bob aelod o'r rhywogaeth yna dafodau hir.

Dyw pethau ddim yn gweithio cystal i greadur megis y panda cawraidd. Ychydig dros fil o'r rhain sydd ar ôl yn y byd, a dim ond bambŵ maen nhw'n ei fwyta. Pe bai bambŵ yn prinhau'n ofnadwy mae'n annhebygol y byddai digon o'r pandas yn gallu dechrau bwyta rhywbeth arall i oroesi. Y tebyg yw y byddai'r panda yn peidio â bod, a byddai'r byd wedi colli creadur gwych arall.

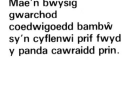

Mae'n bwysig gwarchod coedwigoedd bambŵ sy'n cyflenwi prif fwyd y panda cawraidd prin.

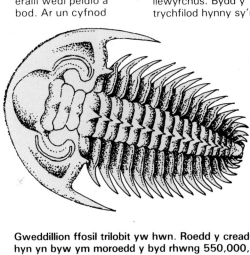

Gweddillion ffosil trilobit yw hwn. Roedd y creaduriaid hyn yn byw ym moroedd y byd rhwng 550,000,000 a 300,000,000 o flynyddoedd yn ôl.

Mae rhan helaeth o goedwig law Brasil yn cael ei distrywio gan bobl sydd eisiau gwerthu'r coed neu'n chwilio am fwy o dir i ffermio. Rhaid gofalu ar ôl y coedwigoedd hyn gan eu bod yn gartref i bob math o fywyd gwyllt, ac am eu bod yn chwarae rhan allweddol wrth reoli hinsawdd y byd.

BETH YW RHAN POBL?

Creaduriaid byw yw bodau dynol. Mae ganddyn nhw lawer o'r un angenrheidiau â chreaduriaid byw eraill. Os yw pobl am oroesi mae'n rhaid iddyn nhw gael bwyd, dŵr a chysgod; rhaid iddyn nhw genhedlu ac amddiffyn eu hunain rhag eu gelynion. Mae'n rhaid iddyn nhw gyd-fyw â'r ecosystemau sy'n bod.

Er bod pobl yn debyg i greaduriaid eraill, maen nhw'n wahanol. Gall pobl feddwl a theimlo. Maen nhw'n gyfrifol. Gall pobl siarad â'i gilydd, gweithio gyda'i gilydd, mwynhau prydferthwch a cherddoriaeth. Gall pobl wneud rhai pethau'n well na chreaduriaid eraill, a rhai pethau na all creaduriaid eu gwneud o gwbl. Pam ei bod hi fel hyn? Beth sy'n gwneud pobl yn arbennig?

Bydd pobl yn ateb y cwestiynau hyn mewn ffyrdd gwahanol. Un ffordd yw honno yn stori'r Creu yn y Beibl, sail credo'r Iddew a'r Cristion. Duw greodd y byd. Duw wnaeth popeth byw, ac yng ngeiriau'r stori:

Dywedodd Duw, 'Gwnawn ddyn ar ein delw, yn ôl ein llun ni, i lywodraethu ar bysgod y môr, ar adar yr awyr, ar yr anifeiliaid gwyllt, ar yr holl ddaear, ac ar bopeth sy'n ymlusgo ar y ddaear.' Felly creodd Duw ddyn ar ei ddelw ei hun; ar ddelw Duw y creodd ef; yn wryw ac yn fenyw y creodd hwy. Bendithiodd Duw hwy a dweud, 'Byddwch ffrwythlon ac amlhewch, llanwch y ddaear a darostyngwch hi; llywodraethwch ar bysgod y môr, ar adar yr awyr, ac ar bopeth byw sy'n ymlusgo ar y ddaear.'

(Genesis 1: 26-28)

Sgrifennwyd y geiriau hyn ganrifoedd lawer yn ôl. Yn ogystal â dweud y dylen ni ofalu am bopeth a greodd Duw, dywed y geiriau ein bod ni wedi ein creu yn debyg i Dduw. A phobl yn unig all weddïo.

Mae pobl wedi gallu defnyddio'u gallu uwch i oroesi, i ddarganfod ffyrdd clyfar o gael digon o fwyd a dŵr, o gysgodi mewn unrhyw dywydd ac i amddiffyn eu hunain rhag ymosodiadau o du rhywogaethau eraill. Ledled y byd mae gwahanol grwpiau o bobl wedi darganfod eu ffyrdd eu hunain o oroesi. Dyma rai ohonyn nhw.

BYWYD YN YR ARCTIG

Mae ceirw'n cael eu corlannu yn yr hen ddull mewn rhai llefydd yn Llychlyn o hyd.

Er bod yr Eskimo hwn wedi dewis dull modern o deithio, ffwr yw'r ffordd orau i gadw'n gynnes o hyd.

Mae nifer o grwpiau o bobl yn byw yn yr Arctig. Dengys eu dull traddodiadol o fyw pa mor wych y bu iddyn nhw addasu i'w hamgylchedd.

Yng ngogledd Ewrop, creodd pobl Lapdir fywyd o gwmpas y carw. Byddent yn ei gadw er mwyn cael cig a llaeth yn fwyd, crwyn yn gysgod a dillad, cyrn ac esgyrn yn arfau, a'i nerth i dynnu'r slediau.

Yn rhan ogleddol Gogledd America, darganfu nifer o grwpiau o Eskimos (Inuit) ffyrdd eraill o fyw mewn gwlad o eira a rhew. Cysgod wedi'i wneud o flociau o eira solet oedd yr iglŵ traddodiadol.

Adeiladodd yr Eskimo ganŵ ysgafn a elwid yn *kayak* er mwyn rhwyfo trwy'r dyfroedd rhewllyd. Fe ddysgon nhw hela morloi ac eirth ac anifeiliaid pegynol eraill, a defnyddio'u cig yn fwyd, eu crwyn yn ddillad, a'u hesgyrn yn arfau.

Datblygodd y Lapiaid a'r Eskimo ffordd o fyw a oedd yn cadw'r cydbwysedd yn y byd o'u cwmpas. Mae peth o'u celfyddyd yn dangos eu parch tuag at y creaduriaid oedd cymaint o ddefnydd iddyn nhw.

Ond nawr, gan fod ganddyn nhw offer modern, mae'r cydbwysedd yn dechrau gwegian. Er enghraifft, ar sled peiriant mae'r gallu ganddyn nhw i grwydro ymhellach ac yn gynt ac i ladd mwy o anifeiliaid nag o'r blaen. Os lladdan nhw ormod maen nhw'n peryglu dyfodol y mathau hynny o anifeiliaid. Yn y tymor byr bydd bywyd y bobl hyn yn llawer esmwythach gan eu bod yn cael mwy heb weithio mor galed; ond beth all ddigwydd yn y tymor hir?

Maen nhw hefyd yn cael eu bygwth gan bobl o'r tu allan i'w llwyth sy'n dod i'w tiroedd ac yn eu defnyddio i bwrpas arall. Dyna sy'n digwydd wrth dyllu am olew o dan foroedd yr Arctig. Gall y diwydiant hwn hefyd ddrysu cydbwysedd yr amgylchedd.

BYW YN Y GOEDWIG LAW

Ymgartrefodd mathau gwahanol o bobl yng nghoedwigoedd glaw y byd. Yn y llefydd cynnes hyn gall pobl fyw mewn tai o ganghennau, dail a mwd. Fe allan nhw gasglu planhigion i'w bwyta o'r goedwig, dringo coed uchel i gasglu mêl gwyllt a hela creaduriaid am gig. Mae dail mawr a chrwyn yn hen ddigon o ddillad ar gyfer y tywydd hwn. Cymerodd y bobl hyn eu lle yn iawn ym mhatrwm bywyd eu hamgylchedd.

Heddiw mae llawer o'r coedwigoedd hyn mewn perygl. Mae pobl am glirio'r coed a chael ffermydd yn eu lle. Wrth i'r coedwigoedd grebachu mae mwy o berygl i'r bobl a'r creaduriaid sy'n byw ynddyn nhw.

AR EICH PEN EICH HUN

Dychmygwch ei bod hi'n rhaid i chi dreulio'r haf ar ddarn o'r wlad heb fod ymhell o'ch cartref. Yr unig bethau y cewch chi eu defnyddio yw'r pethau hynny sydd i'w cael yn naturiol. Beth fyddech chi'n ei ddefnyddio i ymochel rhag y tywydd? Pa wisgoedd arbennig allech chi eu llunio? Beth fyddech chi'n ei fwyta, a beth fyddech chi'n ei yfed?

POBL YR ANIALWCH

Mae rhai pobl wedi addasu i fywyd yr anialwch. Gan na all planhigion ac anifeiliaid ffynnu ond lle ceir dŵr, mae rhai o'r bobl hyn, a elwir yn nomadiaid, yn teithio'n gyson er mwyn dod o hyd i borfa i'w diadelloedd o eifr a defaid. Pebyll yw eu tai er mwyn eu cludo'n hwylus o fan i fan ar gefnau eu camelod, sydd eu hunain wedi'u

haddasu'n arbennig ar gyfer bywyd yr anialwch.

Dewisodd pobl eraill yn yr anialwch ymsefydlu o gwmpas y pyllau dŵr parhaol. Gwerddon yw'r enw ar bwll dŵr parhaol mewn anialwch. Yn y mannau hyn bydd coed yn tyfu, ac weithiau gellir sianelu'r dŵr i gaeau a thyfu cnydau.

POBL Y PAITH

Y byffalo oedd yn darparu anghenion bywyd llawer o Indiaid Gogledd America.

Wedi ei hela byddai'r Indiaid yn bwyta peth o'i gig ac yn cadw peth tan yn nes ymlaen. Gwneid pebyll symudol o'r enw tipîs o'r crwyn, a gwneid y dillad o'r lledr meddalach.

Er eu bod yn eu hela, roedd parch yr Indiaid tuag at y byffalo yn fawr. Cyn cyrch hela byddent yn

dweud paderau a fyddai'n eu hatgoffa i beidio â bod yn farus wrth ladd creaduriaid eraill. Roedd eu crefydd yn eu hatgoffa yn gyson i barchu natur a chadw'r cydbwysedd.

Heddiw, mae'r peithdiroedd enfawr hyn yn cael eu ffermio, a bu raid i'r Indiaid addasu i ffordd wahanol o fyw, er eu bod yn ceisio gwarchod yr hen ffyrdd.

CAMGYMERIADAU

Byddai'n hawdd tybied nad yw pobl sy'n byw bywyd syml yn niweidio'r amgylchedd. Ond na; weithiau maen nhw hefyd yn gwneud camgymeriadau drwg.

Pan ddarganfuwyd Awstralia gan Ewropeaid, fe ddaethon nhw o hyd i bobl yr Aborigineaid. Llwyddai'r bobl hyn i fyw drwy hela anifeiliaid a chasglu planhigion mewn ardaloedd a oedd, i bob pwrpas, yn ddiffeithdir llwyr. Cred gwyddonwyr erbyn hyn bod y tir hwn yn arfer bod yn ffrwythlon iawn ac efallai mai'r Aborigineaid oedd yn gyfrifol am losgi'r holl dyfiant amser maith yn ôl. Os felly y bu, gwnaed camgymeriad mawr.

Pebyll o grwyn geifr yw cartrefi'r teuluoedd Bedouin hyn wrth iddyn nhw deithio'n gyson i chwilio am borfa a dŵr i'w hanifeiliaid.

Newidiodd rhai grwpiau o bobl eu hamgylchedd yn fawr iawn. Er iddyn nhw gael yr holl ddŵr, bwyd, dillad a chysgod yr oedd eu hangen arnynt—roedden nhw eisiau mwy o bethau.

Heddiw, mae rhai pobl yn byw bywyd cyfforddus iawn am eu bod wedi llwyddo i gael cymaint o bethau. Ond beth yw'r gost? Po fwyaf y mae dyn yn ei dynnu allan o'r amgylchedd ar ei gyfer ei hun, mwyaf y mae'n newid patrwm natur. Mae cymryd gormod yn difetha'r cydbwysedd.

Bu cydbwysedd natur yn newid yn araf erioed, ond wrth i bobl hawlio mwy a mwy iddyn nhw eu hunain mae'r newid wedi ei brysuro. Hyn i gyd heb iddyn nhw sylweddoli beth roedden nhw'n ei wneud.

Rydyn ni'n rhan o'r byd naturiol ac mae'n rhaid inni ei warchod. Os tarfwn ni yn ormodol ar y patrwm fe allen ni ddinistrio ein hunain. Rywsut mae'n rhaid i ni ailddarganfod y cydbwysedd a greodd Duw.

AR Y FFERM

Bywyd ansicr yw dibynnu ar gasglu bwyd o'r gwyllt. Fe allech fynd i hela a dod yn ôl heb ddim. Fe allai fod yn flwyddyn wael iawn am ffrwythau gwyllt.

Un ateb yw corlannu anifeiliaid fel na allan nhw ddianc. Dyna sicrhau digon o gig.

Ateb arall yw tyfu cnydau y tu ôl i ffens. Bydd hyn yn caniatáu i hadau arbennig y planhigion ifanc dyfu'n saff rhag anifeiliaid, nes gellir defnyddio'r cnwd yn fwyd. Mae ffermio'n ffordd dda o wneud bywyd yn llai ansicr.

Dechreuodd pobl ffermio filoedd o flynyddoedd yn ôl. Gan nad oedden nhw'n mynd â llawer o dir, nid oedd hyn yn tarfu llawer ar y bywyd gwyllt. Ond yn bendifaddau fe effeithiwyd ar rai mathau o blanhigion ac anifeiliaid, ac fe ddiflannodd y rhain amser maith yn ôl. Hyd yn oed yn amser sgrifennu darnau cynharaf y Beibl roedd 'na ddigon o bobl yn ffermio fel eu bod yn amharu ar gydbwysedd y rhywogaethau yn yr ardal lle'r roedden nhw'n byw.

Dechreuodd pobl fagu mathau newydd o blanhigion ac anifeiliaid a fyddai'n gweddu i'w hanghenion newydd. Er enghraifft, roedd 'na wartheg a roddai lawer o laeth, gwenith toreithiog ac afalau mawr hyfryd.

Gan fod hyn yn gwneud bywyd yn haws, roedd gan bobl fwy o amser i wneud pethau eraill. Dewisodd rhai arbenigo mewn gwneud dillad newydd, esgidiau, troliau, dodrefn, llyfrau ac yn y blaen. Roedden nhw'n newid y cydbwysedd yn fwy nag a wnaed erioed o'r blaen.

Mewn rhai llefydd nid yw'r dulliau o ffermio wedi newid llawer dros y blynyddoedd. Mae sefyll ar bren trwm, a gaiff ei dynnu gan bâr o ychen, yn ffordd effeithiol o falu'r pridd i'r ffermwraig hon o Dwrci.

CHWYLDROI FFORDD O FYW

Oherwydd darganfyddiadau ym myd gwyddoniaeth tua dau can mlynedd yn ôl, fe gafwyd nifer o ddyfeisiadau newydd. Y Chwyldro Diwydiannol yw'r enw a roddir ar y cyfnod hwn. Dyfeisiwyd peiriannau fel y gellid gwneud mwy mewn llai o amser. Er enghraifft, dyfeisiwyd ffordd gynt o nyddu gwlân a chotwm i lunio brethyn. Hyd yr amser hynny, dim ond un edefyn ar y tro y gellid ei wneud ar dröell nyddu. Gallai'r peiriannau newydd nyddu nifer o edafedd ar unwaith. Yn lle nyddu ar yr aelwyd fe âi pobl i ffatrïoedd lle'r oedd nifer o beiriannau.

Datblygwyd peiriannau eraill i wneud pob math o bethau eraill, ac fe gludid y cyfan yn gyflym gan drenau stêm i'r bobl oedd eisiau'r nwyddau newydd.

Roedd angen ynni ar gyfer gweithio'r peiriannau hyn. Cloddiwyd am lo o dan y ddaear i'w losgi i ferwi'r dŵr i weithio'r peiriannau ager. Yn ddiweddarach defnyddiwyd yr ager i greu trydan.

Darganfuwyd hefyd fod modd defnyddio olew i weithio peiriannau, ac fe bwmpiwyd olew o ffynhonnau yn y ddaear.

Bu newidiadau mawr. Llwyddodd y peiriannau i wneud bywyd rhai yn haws ac i gyflenwi anghenion nifer cynyddol o bobl.

Roedd angen bwyd, dillad a chysgod ar y bobl hyn ynghyd â llawer o bethau a gynhyrchid yn y ffatrïoedd. Dechreuwyd tynnu mwy a mwy o bethau o'r amgylchedd: mwy o dir i ffermio i godi mwy o fwyd; mwy o'r glo a ffurfiwyd gan hen, hen fforestydd; a mwy o'r olew a ffurfiwyd yr un pryd. Canlyniad hyn oedd newid fwy fyth ar batrwm natur.

Tua'r adeg hon hefyd roedd fforwyr o'r gwledydd diwydiannol megis Prydain, Ffrainc a'r Iseldiroedd yn darganfod tiroedd newydd. Yn eu barn nhw roedd digon o bopeth ar gyfer pawb. Dim ond wrth i'r blynyddoedd gerdded y dechreuodd pobl sylweddoli nad stôr ddiderfyn oedd hon.

Cyn bo hir ni fyddai dim ar ôl.

Mae'r dewis sydd i siopwyr y byd diwydiannol yn rhyfeddol o eang.

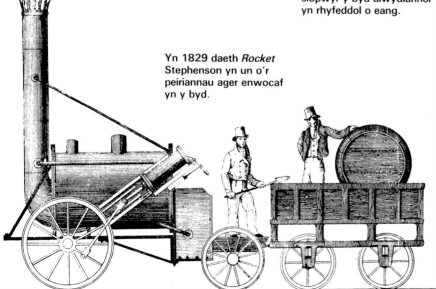

Yn 1829 daeth *Rocket* Stephenson yn un o'r peiriannau ager enwocaf yn y byd.

FEDRWCH CHI NYDDU EDEFYN?

Cyn i droellau nyddu gael eu dyfeisio, defnyddiai pobl ddulliau mwy syml, hyd yn oed, o droi gwlân yn edafedd. Rhowch gynnig ar yr hen ffordd hon.

Wedi i chi gael gafael ar dipyn o wlân (oddi ar ddrain neu ffens neu ar gae) ceisiwch dynnu rhyw fymryn yn rhydd. Gan afael ynddo rhwng eich bys a'ch bawd trowch y ffibrau gwlân i wneud edefyn bychan.

Clymwch yr edefyn bach hwn ar rywbeth gweddol drwm a fydd yn gwneud i'r edefyn dynnu ychydig bach mwy o'r gwlân, ac yna perwch i'r pwysau droi. Pa mor hir fydd eich edefyn cyn iddo dorri?

Faint gymerech chi i gael digon o wlân i wau siwmper? Faint mae hi'n ei gymryd i chi ddewis siwmper mewn siop?

BYWYD GWYLLT MEWN PERYGL

Mae yn ein byd amrywiaeth aruthrol o fywyd gwyllt. Mae anifeiliaid, adar a thrychfilod yn chwarae rhan hanfodol yn amgylchedd ein tiroedd, a pheidiwch ag anghofio am bysgod ac anifeiliaid y môr. Y tristwch yw bod perygl i lawer rhywogaeth ddarfod o'r tir gan fod pobl heddiw yn tynnu cymaint ar adnoddau'r byd gyda chymorth arfau grymus.

Bu hela a physgota am fwyd ers cyn cof. Dengys rhai lluniau mewn ogofâu fod y bodau dynol cynharaf un yn defnyddio gwaywffyn a thrapiau i ddal eu hysglyfaeth. Mae'n bosibl mai effeithiolrwydd dulliau hela trigolion yr ogofâu hyn oedd yn gyfrifol am ddiflaniad yr elc cawraidd a'r mamoth blewog.

Heddiw mae pobloedd sy'n hela i fyw ac yn hela o ran hwyl yn meddu ar ddrylliau, ac yn gallu lladd llawer o anifeiliaid yn hawdd. Os na fydd lleihad yn yr hela mae'n debygol y bydd rhywogaethau'n diflannu. Mae pobl sy'n hela yn achosi difrod hefyd. Fe allech dybio bod swm dibendraw o bysgod yn y môr, ond mae angen cyfnod ar bob creadur i aeddfedu a chenhedlu. Os lladdwn ni ormod o bysgod bach, pwy

sy'n mynd i fagu'r genhedlaeth nesaf?

Go brin y gellir beirniadu pobl sy'n dibynnu ar hela am fwyd a dillad am ladd creaduriaid, ond fe helir rhai anifeiliaid er mwyn darparu nwyddau moethus yn unig. Lleddir creaduriaid megis y llewpart, yr óselot a llwynogod i ddarparu cotiau ffwr ffasiynol. Lleddir nadroedd a chrocodilod ar gyfer crwyn i wneud bagiau ac esgidiau. Lleddir eliffantod er mwyn yr ifori yn eu hysgithrddannedd. Cesglir cwrel prin i wneud tlysau drud.

Problem arall yw bod llefydd gwyllt yn cael eu colli wrth i bobl glirio tir ar gyfer ffermydd, ffatrïoedd a thai. Ble, yn awr, y bydd yr anifeiliaid gwyllt yn byw? Os na chân nhw ddigon o fwyd yn yr ardal fe fyddan nhw'n marw. Mae pobl hefyd yn difetha llefydd drwy adael sbwriel peryglus yno.

Pan roddodd Duw y ddaear yng ngofal dyn, gofalu amdani oedd y gorchymyn. Rhaid inni gofio hynny heddiw.

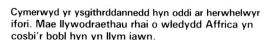

Cymerwyd yr ysgithrddannedd hyn oddi ar herwhelwyr ifori. Mae llywodraethau rhai o wledydd Affrica yn cosbi'r bobl hyn yn llym iawn.

Mae croen hyfryd y llewpart yn edrych yn llawer gwell yma nag ar stryd oer fel rhan o got rhywun.

Y FARCHNAD FFWR

Pan ddaeth gwladychwyr Ewropeaidd i Ogledd America, fe welon nhw fod rhai o'r Indiaid yn defnyddio crwyn afanc yn ddillad. Sylweddolodd rhai y gellid gwneud arian drwy werthu'r crwyn hyn ar gyfer gwneud hetiau yn Ewrop. Cymaint oedd y galw am y crwyn fel y cafodd yr afanc ei hela bron i ddifancoll. Pe na bai'r ffasiwn wedi newid, mae'n bosib na fyddai'r afanc ar gael heddiw.

YSBEILIO'R MOROEDD

Bob blwyddyn fe gynllunir llongau sy'n gallu dal pysgod yn fwy effeithiol. Mae'r llongau hyn yn ddrud iawn a rhaid i'r pysgotwyr ddal llawer o bysgod os ydyn nhw am dalu am y llong.

Bydd y llongau hyn yn dal ac yn glanhau tunelli lawer o bysgod bob dydd. Ar rai ohonyn nhw mae adran i roi'r pysgod mewn tuniau neu eu rhewi er mwyn gallu aros allan ar y môr am gyfnodau hwy.

WYDDECH CHI?

Un tro roedd 'na eirth a bleiddiaid ym Mhrydain, a sawl math o anifeiliaid bolgodog, creaduriaid a gariai eu hepil mewn cwd, yn Ne America. Efallai y bydd pobl y dyfodol yn rhyfeddu clywed bod moch daear wedi byw yng Nghymru a bod cangarŵs wedi byw yn Awstralia.

Rhaid inni warchod anifeiliaid prin yn fwy gofalus neu fydd dim ar ôl inni ei warchod. Mewn llawer o wledydd fe geir grwpiau cadwraeth sy'n awgrymu ffyrdd y gellwch chi helpu. Pam na holwch chi am wybodaeth yn eich llyfrgell leol?

YR ANWES CREULON

Pry copyn anferthol sy'n byw ym Mécsico yw'r *tarantula* goesgoch. Mae'r rhywogaeth mewn perygl mawr am fod pobl yn eu dal ac yn eu gwerthu fel anifeiliaid anwes i siopau yng Ngogledd America ac Ewrop.

Epa sy'n byw yng nghoedwigoedd trofannol Borneo yw'r *orang-utan*. Lladdwyd nifer o'r mamau er mwyn gwerthu'r babanod fel anifeiliaid anwes. Er bod yr hela wedi'i reoli, erbyn hyn mae'r coedwigoedd eu hunain mewn perygl mawr.

BRIDIAU PRIN

Am anifeiliaid gwyllt y bydd pobl yn tueddu i feddwl wrth glywed am rywogaethau mewn perygl, ond mae anifeiliaid 'dof' mewn perygl hefyd. Mae llawer llai o fathau o anifeiliaid fferm ar gael heddiw nag a oedd ganrif yn ôl.

Dewisodd y mwyafrif o ffermwyr fridiau sy'n gwneud llawer o arian yn gyflym: gwartheg sy'n rhoi llawer o laeth, moch sy'n tewhau'n gyflym, defaid â chnu trwchus ac yn y blaen.

Y trafferth yw bod ffermwyr wrth ganol-bwyntio ar gryfhau un agwedd ar yr anifail yn tueddu i'w wanhau mewn agweddau eraill. Canlyniad hyn yw y gallai'r brid fod yn llai abl i wrthsefyll heintiau. Mae'n bwysig cadw nifer helaeth o fridiau er mwyn gallu croes-fridio o fryd i'w gilydd i gadw'r gwaed yn gryf.

Bu'r bridiau hyn ar ddiflannu o'r tir, ond oherwydd ymdrechion bridwyr arbennig, maen nhw'n ddiogel yn awr.

Buwch Longhorn

Mochyn Gloucester Old Spot

Dafad North Ronaldsay

PLANHIGION DIWYD

Nid pethau tlws yn unig yw planhigion. Maen nhw'n rhan allweddol o fywyd y blaned hon. Planhigion gwyrdd yw'r unig bethau a all ddefnyddio ynni'r haul a throi sylweddau syml yn fwyd. Canlyniad hyn yw mai nhw sy'n cyflenwi'r holl fwyd sylfaenol sy'n bod. Allen ni ddim cadw anifeiliaid i gael cig, wyau a llaeth pe na bai planhigion ar gael i fwydo'r anifeiliaid.

Bydd planhigion yn rhyddhau ocsigen wrth wneud eu bwyd. A'r gwir yw, heb ddigon o blanhigion yn y byd ni fyddai 'na ddigon o ocsigen i anifeiliaid a phobl ei anadlu.

Os yw planhigion am dyfu'n llewyrchus, rhaid iddyn nhw gael y math cywir o bridd. Mewn amgylchedd naturiol lle ceir digon o law, mae gwreiddiau'r planhigion yn clymu'r pridd at ei gilydd fel na all y glaw na'r gwynt ei olchi na'i chwythu ymaith. Buan iawn y bydd planhigion newydd yn llenwi'r darnau moel a ddaw i'r golwg. Wrth i bobl aredig y tir, mae'n colli'r amddiffyniad hwn.

Bydd planhigion yn defnyddio'r maeth sydd yn y pridd, ac wrth i blanhigion ac anifeiliaid farw a phydru yn ôl i'r tir, fe roddir y maeth yn ei ôl. Ond, os codir cnwd heb roi dim yn ôl yn y pridd, yna buan iawn y bydd y tir yn colli ei ffrwythlondeb.

Porfa fras ac iach yn tyfu ar beithdir yng Ngogledd America.

A FYDD YNA GOEDWIGOEDD YFORY?

Filoedd o flynyddoedd yn ôl roedd rhannau helaeth o dir pob cyfandir wedi'u gorchuddio â choed. Dros y blynyddoedd cwympodd eu dail a phydru i'r ddaear, a gwnaed y pridd yn gyfoethog a da. Wrth i bobl glirio'r coedwigoedd i wneud ffermydd a dinasoedd diflannodd nifer o wahanol fathau o goed am nad oedd lle iddyn nhw fyw.

Torrwyd rhannau mawr o goedwigoedd llydanddail i lawr ganrifoedd yn ôl ac erbyn heddiw mae pren megis derw, ffawydd ac onnen yn weddol brin, ac felly'n ddrud. Gan fod y coed hyn yn tyfu'n araf mae coedwigwyr yn amharod i'w plannu. Ond os yw coedwigoedd pîn yn cael eu plannu yn eu lle—fel sy'n digwydd mewn llawer man—all yr anifeiliaid ddim addasu i'r amgylchedd newydd.

Heddiw mae nifer enfawr o goed pîn yn cael eu torri. Defnyddir peth ar gyfer gwneud tai a dodrefn, ac fe â llawer i wneud papur.

Hefyd mae coedwigoedd-glaw y byd yn cael eu clirio'n frawychus o gyflym. Yn aml defnyddir peiriannau cryfion i gyflymu'r gwaith. Dyma'r coedwigoedd sy'n gartref i gymaint o anifeiliaid a phlanhigion prin. Mae'r bobl leol yn teimlo bod angen tir ffermio arnynt, ond hefyd mae pobl y gwledydd cyfoethog eisiau coed caled, megis mahogani, i lunio dodrefn cain.

Oherwydd natur y tywydd poeth a gwlyb, mae'n debyg y bydd y tir yn cael ei ddistrywio wedi i'r coed ddiflannu. Heb gysgod y coed a chryfder eu gwreiddiau, bydd y pridd yn cael ei erydu gan law a gwynt.

Mae dinistrio'r coedwigoedd hyn wedi gwneud i bobl holi a fydd digon o blanhigion ar ôl i ddarparu ocsigen i'r byd.

LLADD Y PRIDD

Mae rhai cnydau yn defnyddio llawer o faeth y pridd i dyfu, felly mae'n bwysig peidio â thyfu'r un cnwd yn yr un pridd flwyddyn ar ôl blwyddyn. Gwnaed y camgymeriad hwn yn nhalaith Georgia yr Unol Daleithiau. Lle bu caeau llawn cotwm braf, corsydd asid diffrwyth sydd i'w gweld yno'n awr.

Yng nghanolbarth yr Unol Daleithiau aeth y gwladychwyr Ewropeaidd ati i aredig y peithdir bras a thyfu ŷd. Wedi blynyddoedd o ddiffyg glaw sychodd y pridd a chwythu i ffwrdd, gan adael dim ond erwau o lwch.

Corwynt a elwir yn *'dust devil'* yn chwyrlïo dros dir a fu unwaith yn borfa fras. Mae ffermio difeddwl yn gallu creu diffeithdir.

PLA O ANIFEILIAID

Yn y Dwyrain Canol y cadwyd diadelloedd o anifeiliaid am y tro cyntaf. Darllenwn yn Genesis, llyfr cyntaf y Beibl, eu bod yn achosi problemau hyd yn oed bryd hynny! Prinder porfa i'w hanifeiliaid a barodd i Abraham a Lot ymrannu, a dilyn eu ffyrdd eu hunain.

Mewn rhannau o Affrica heddiw mae pobl yn cadw gwartheg, defaid a geifr ar yr un tir. Bydd y gwartheg yn bwyta'r borfa orau i gyd hyd at groen y baw, gan achosi i'r pridd sychu. Bydd y defaid yn deintio ar y borfa isel sydd ar ôl a bydd y geifr yn bwyta'r egin ifanc gan eu codi wrth eu gwraidd i gael pryd o fwyd.

Gall gormod o anifeiliaid ar bridd gwael ladd y borfa'n gyfan gwbl. A phan ddaw'r gwynt poeth i chwythu'r pridd uchaf i ffwrdd anialwch sydd ar ôl. Heb ddim i gynnal y bobl na'r tir, newyn sy'n dilyn.

Mae gor-bori yn peri i anialdiroedd y byd dyfu'n fwy bob blwyddyn.

PLANNWCH GOEDEN!

Hwyrach yr hoffech dyfu eich coed eich hun; dyw hi ddim yn anodd iawn. Rhowch gynnig ar wahanol fathau o goed i weld pa un sy'n gwneud orau.

Dylid hau hadau mawr, caled yn ffres, ond mae rhai mathau yn tyfu'n well os ydyn nhw wedi cael eu cadw'n oer am ychydig. Rhowch nhw mewn twb marjarîn yng ngwaelod yr oergell.

Wedi ychydig wythnosau plannwch yr hadau mewn potyn o bridd sy'n cael ei gadw mewn lle heb ormod o haul. Dylid gosod hadau bychain yn weddol agos i wyneb y pridd a rhai mawr yn ddyfnach. Dyfrwch y pridd a'r hedyn a gorchuddiwch geg y potyn â chwdyn plastig i rwystro'r pridd rhag sychu.

Wedyn, rhaid bod yn amyneddgar. Bydd hi'n cymryd wythnosau i'r hadau egino. Pan fyddan nhw'n ddigon mawr i'w plannu allan, bydd rhaid i chi eu hamddiffyn rhag anifeiliaid, a bydd rhaid i chi eu dyfrio mewn cyfnodau sych.

Cofiwch geisio darganfod pa mor fawr fydd eich coeden, a gofalwch ei phlannu lle bydd digon o le!

TRYSORAU'R BYD

Mae'r creigiau sy'n llunio ein planed yn cynnwys llawer o sylweddau gwerthfawr. Busnes peryglus a drud yw cloddio amdanyn nhw ond, gan fod y sylweddau hyn mor ddefnyddiol, mae pobl yn fodlon mentro. Er hynny, mae tuedd i anghofio mai dim ond hyn-a-hyn sydd ar gael. Unwaith y defnyddir nhw, ddôn nhw byth yn ôl. Erbyn heddiw mae technoleg mwyngloddio mor effeithiol fel bod perygl gwirioneddol o orddefnyddio a disbyddu rhai mwynau'n llwyr.

COEDWIGOEDD FFOSIL

Filiynau lawer o flynyddoedd yn ôl coedwigoedd oedd yn gorchuddio rhannau helaeth o'r trofannau. Byddai hen goed yn cwympo i gorsydd a dros y canrifoedd byddai haenau o fwd a thywod yn eu gorchuddio. Gan fod pwysau'r haenau hyn ar ben y coed mor fawr fe wasgwyd cymaint arnynt nes i'r pren droi'n sylwedd newydd: glo!

Cymerodd filoedd ar filoedd o flynyddoedd i wneud y glo ond mae rhan helaeth ohono wedi cael ei ddefnyddio yn ystod y ddau can mlynedd diwethaf. Fe'i defnyddir i yrru peiriannau stêm ac i wneud trydan. Bydd cyfran ohono yn mynd i wneud cemegau eraill ar gyfer pethau megis sebon. Er bod llawer o lo ar ôl, ni all y cyflenwad bara am byth.

Un dydd mae'r glo yn y pwll hwn yn Zimbabwe yn siŵr o ddarfod.

AUR DU

Gelwir olew yn aur du am ei fod mor werthfawr. Ffurfiwyd olew filiynau lawer o flynyddoedd yn ôl wrth i weddillion creaduriaid y môr gael eu gwasgu i'r haenau o graig oedd yn eu gorchuddio. Defnyddir olew fel ynni mewn llawer math o beiriannau, a math arbennig o olew yw'r petrol sy'n gyrru ein ceir.

Mae llawer o ddefnydd i'r cemegau a geir mewn olew. Nhw sy'n helpu i wneud ffibrau synthetig a llawer math o blastig. Fel papur, mae tueddi ddefnyddio pethau plastig unwaith ac yna'u taflu. Ond eto, rydyn ni'n defnyddio cymaint o olew fel bod perygl mawr na fydd dim ar ôl ymhen rhai blynyddoedd.

Hefyd, yn wahanol i lawer math o wastraff, ni ellir ailddefnyddio'r rhan fwyaf o blastig. Pam na cheisiwch chi gael eich teulu i ddefnyddio llai o blastig? Un ffordd yw penderfynu prynu nwyddau sydd â llai o blastig yn y pacio. Fedrwch chi feddwl am ffyrdd eraill?

Canlyniad tanchwa mewn ffynnon olew yn Kuwait yw'r cymylau budron hyn sy'n halogi'r awyr.

ADNODDAU UNWAITH AC AM BYTH

Dychmygwch fod rhywun yn rhoi swm enfawr o arian i chi, tua deng mil gwaith yr hyn gawsoch chi ar eich pen-blwydd! Welsoch chi erioed y ffasiwn bres. Fe allech chi fynd allan a phrynu popeth yr oeddech wedi bod yn cynilo ar ei gyfer. Fe allech, hyd yn oed, gael parti bob dydd yng nghwmni llwyth o'ch cyfeillion.

Ond arhoswch: unwaith y byddech wedi gwario'ch pres i gyd, fyddai dim ar ôl. A does neb am roi mwy i chi. Ond pe byddech yn ei wario ar bethau sy'n wirioneddol bwysig fe allech chi ei fwynhau ac fe fyddai'n para am amser hir — hwyrach nes y byddech wedi tyfu'n ddigon hen ac wedi cael ffordd arall o wneud arian. Yn sicr, daw dim lles o'i wario ar bethau dwl, ac fe allai gwneud hynny olygu ei wario'n gynt, beth bynnag.

Mae sylweddau, megis glo ac olew, yn debyg i anrhegion o gyfoeth mawr, ond unwaith yn unig y ceir nhw. Rhaid i bobl ddeall sut mae eu defnyddio'n ddoeth a sut mae gwneud iddyn nhw bara.

GWASTRAFF OFNADWY

A ydy'ch ystafell chi yn edrych fel tomen sbwriel? Beth? Dim ond weithiau...? Dychmygwch fyw mewn tomen sbwriel go-iawn. Byddai'n beryglus, yn ddrewllyd, yn flêr ac yn fudr. Y broblem y dyddiau hyn yw bod cymaint o bobl yn y byd a bod cymaint o'u pethau i'w gwaredu fel bod y byd i gyd yn troi'n un domen sbwriel enfawr.

YDY'R DŴR YN SAFF?

Mae dŵr glân i'w yfed yn gwbl angenrheidiol, ond mae llawer o ddŵr y byd yn fudr. Erbyn hyn mae rhai dyfroedd a arferai fod yn lân wedi'u llygru'n arw. Enghraifft dda o hyn yw afon Rhein yn yr Almaen. Wrth i'r ffatrïoedd ar ei glannau ollwng cemegau llygrwyd yr afon yn ddifrifol.

Gollyngir carthion dynol i afonydd a moroedd. Mae'r carthion yn cynnwys bacteria, ac mae'n rhaid lladd y bacteria hyn rhag ofn i bobl fynd yn sâl ar ôl yfed y dŵr budr.

Problem arall yw olew sy'n cael ei golli o longau a ffynhonnau yn y môr. Mae'r olew yn lladd pysgod ac adar a phob math o greaduriaid eraill. Ac fe all ddinistrio ecosystem y traethau, wrth gwrs.

AWYR I'W ANADLU

I fod yn iach mae angen anadlu awyr iach, ond mewn llawer o ardaloedd diwydiannol mae'r awyr yn cynnwys nifer o sylweddau niweidiol. Mae'r mwg a'r nwyon sy'n byrlymu o orsafoedd ynni yn gallu niweidio'n hysgyfaint.

Mae ceir a pheiriannau eraill yn gollwng sylweddau gwenwynig yn eu gwastraff ac mae hyn yn niweidio'n hymennydd.

Effeithir planhigion hefyd gan awyr fudr. All yr haul ddim cyrraedd atynt drwy'r mwg a'r

I'R DOMEN

Gwastraff tai

Beth sy'n digwydd i holl sbwriel a gwastraff eich tŷ chi? I'r bin ac yna i'r lorri ludw, wrth gwrs. Ond ble wedyn?

Yn y domen sbwriel bydd plicion tatws ac ati yn pydru yn y fan a'r lle. Dônt yn rhan o'r pridd unwaith eto. Dyma sylwedd biodatodiadol (*biodegradable*). Mae ailddefnyddio ac ailgylchu yn rhan o gynllun y byd naturiol.

Fydd sylweddau eraill yn y sbwriel ddim yn pydru yn yr un ffordd. Y rhan fwyaf o blastigion, er enghraifft, sy'n cael eu defnyddio unwaith ac yna'u gwaredu. Hen welyau hefyd, a hen setiau teledu. Byddai'n bosibl defnyddio rhai sylweddau eto, ond mae'n costio gormod i bobl ddechrau gwneud hynny, felly i'r domen—neu'r afon neu'r coed neu'r cae—â nhw! Ac mae hyn yn beth gwael iawn.

Gwastraff diwydiannol

Mae'n rhaid i ffatrïoedd gael gwared o'u gwastraff hefyd—yn cynnwys cemegau peryglus iawn.

Ymbelydrol!

Mae adweithyddion niwclear yn un ffordd o gynhyrchu trydan. Yn anffodus, mae canlyniad y broses hon hefyd yn gadael deunydd ymbelydrol. Golyga hyn eu bod yn tywynnu pelydrau anweledig sy'n gallu lladd celloedd yn ein cyrff neu greu clefydau, megis cancr. Bydd rhaid cadw peth o'r gwastraff hwn am filoedd o flynyddoedd mewn concrid. Pe bai'r concrid yn hollti, gallai sylweddau peryglus ddianc a dinistrio pethau byw.

Mae trin gwastraff o dai mewn ffordd ddiogel yn broblem sy'n cynyddu drwy'r byd i gyd.

nwy, a gall y llwch sy'n disgyn ar eu dail eu rhwystro rhag anadlu'n iawn.

Yn y blynyddoedd diwethaf mae pobl wedi llosgi cymaint o danwydd yn eu tai a'u ceir fel bod swm y carbon diocsid yn yr awyr wedi cynyddu'n arw. Nid yw carbon diocsid yn niweidiol ynddo'i hunan, ond mae gormod ohono yn peri problemau.

Hefyd, gan fod yna lai o goed, sut y gellir troi'r carbon diocsid yn ôl yn ocsigen? Mae'r nwy yn creu haenen yn yr atmosffer sy'n rhwystro gwres rhag dianc. Mae'r haenen hon yn gweithio fel gwydr mewn tŷ gwydr. Yr hyn allai ddigwydd yw y bydd y Ddaear yn gor-gynhesu. Fe allai, hyd yn oed, doddi rhew yr ardaloedd pegynol ac achosi i'r môr godi. Pe digwyddai hyn byddai pobl yn gorfod symud o drefydd glan môr, a byddai tir amaethyddol yn diflannu. Gelwir hyn yn 'Effaith Tŷ Gwydr'.

Glaw asid

Mae dŵr glaw yn asid gwan iawn iawn. Ond mae rhai o'r cemegau a geir yn y nwyon a'r mwg o bwerdai, ffatrïoedd a cheir yn cymysgu gyda'r anwedd dŵr yn yr awyr yn ychwanegu at asidedd dŵr glaw. Dyma sy'n achosi 'glaw asid' a phan lifa'r glaw hwn i mewn i afonydd a llynnoedd mae'r asid ynddo'n lladd y planhigion a'r anifeiliaid sy'n byw ynddynt. Mae hefyd yn niweidio coed ac yn difrodi adeiladau. Mae glaw asid eisoes yn lladd coedwigoedd a llynnoedd nid yn unig yn Sweden a'r Almaen, Canada a'r Unol Daleithiau — ond yng Nghymru hefyd.

Nid problem leol yn unig yw nwyon gwastraff o ddiwydiant; mae hi'n broblem i'r byd i gyd.

CEMEGAU MARWOL

Weithiau, bydd pobl yn chwistrellu'r tir â chemegau peryglus. Bwriad defnyddio plaladdwyr yw lladd pryfed sy'n niweidio'r cnwd, a bwriad defnyddio chwynladdwyr yw difa'r chwyn sy'n tagu'r cnwd. Ond fe all y cemegau hyn ladd anifeiliaid a phlanhigion eraill hefyd. Fe allan nhw gael eu golchi i mewn i'n dŵr yfed ni, a hyd yn oed i'n bwyd ni.

PA MOR FAWR YW'R BROBLEM?

Dechreuwch gadw cofnod o'r holl wastraff sy'n gadael eich tŷ chi bob wythnos am gyfnod o bedair wythnos. Pe na baech yn ei daflu beth fyddech chi'n ei wneud ag ef? Lle byddech chi'n ei gadw? Dychmygwch y drewdod!

Ond gall nifer o'r pethau yr ydym yn eu gwaredu fod yn ddefnyddiol. Gall gwastraff bwyd fod yn rhan o domen wrtaith a fydd, mewn hir a hwyr, yn dychwelyd maeth i'r pridd. Ac mae modd ailddefnyddio llawer o bethau eraill. (Darllenwch adrannau 15 ac 16.)

Y TLAWD A'R CYFOETHOG

Nid planhigion ac anifeiliaid yw'r unig bethau i ddioddef yn ein byd barus ni. Wrth ddefnyddio adnoddau'n planed mewn ffordd mor ffôl mae llawer o *bobl* hefyd yn dioddef. Mae llawer yn ddychrynllyd o dlawd; llawer yn newynu; llawer heb ddŵr glân; llawer heb ddigon o ddillad i'w cadw'n gynnes; llawer heb dŷ nac unrhyw fath o gartref. Mae perygl inni adael i aelodau o'n rhywogaeth farw mewn trallod am ein bod ni mor hunanol.

DŴR TAP

Daw'r rhan fwyaf o'r dŵr yr ydych chi'n ei yfed o dap. Fyddwn ni ddim yn meddwl ddwywaith am y dŵr a ddefnyddiwn wrth ymolchi na golchi dillad nac yn y toiled. Byddwn yn gwastraffu galwyni o ddŵr glân bob dydd.

Mewn gwledydd tlawd mae'n rhaid, weithiau, i bobl gerdded milltiroedd am lond bwced o ddŵr. Ac wedi iddyn nhw ei gyrraedd, gall y dŵr fod yn fudr ac yn beryglus i'w yfed. Yr un dŵr sydd ganddyn nhw i ymolchi, coginio a golchi dillad.

Bydd mudiadau megis *Water Aid, Tear Fund* a *SIFAT* yn ceisio dod o hyd i ddŵr cyfleus a glân i'r cymunedau unig hyn. Wedi dod o hyd i'r dŵr bydd y mudiadau yn adeiladu ffynhonnau sydd, yn aml, yn gweddnewid modd llawer teulu o fyw.

Mewn rhai llefydd does dim sicrwydd y bydd dŵr y ffynnon yn lân. Y tro hwn bu'r siwrnai yn werth chweil.

BYWYD MEWN BOCS CARDFWRDD

O bryd i'w gilydd mae'n erchyll gorfod rhannu eich ystafell wely â'ch brawd neu â'ch chwaer! Ond mewn rhai gwledydd mae teuluoedd cyfain yn gorfod rhannu un stafell.

Yn aml yr hyn sy'n digwydd yw eu bod yn gadael cefn gwlad am nad oes digon o dir iddyn nhw ffermio, a thyrru i'r ddinas i chwilio am waith. Yn anffodus, does dim digon o waith i bawb.

Felly, ar gyrion rhai dinasoedd, bydd y tlodion yn byw mewn tai wedi'u gwneud o ddarnau o sinc a phren gwastraff a chardfwrdd. Does yma ddim dŵr glân i'w yfed na draeniau i'w toiledau.

Mae'r cytiau yma yn Hong Kong yn gartref i nifer o deuluoedd.

AGORWCH EICH CEG A DYWEDWCH 'AAAA!'

Ychydig iawn ohonon ni sy'n mwynhau ymweliad â'r deintydd. A dyw mynd at y meddyg ddim yn beth gwych iawn, chwaith, os mai pigiad sy'n eich aros. Mewn gwledydd tramor dyw'r ofnau hyn ddim yn codi; does dim cyfle ganddynt i weld deintyddion na meddygon. Os bydd eu dannedd yn brifo, maen nhw naill ai'n dioddef y boen neu'n mynd at rywun sy'n fodlon tynnu'r dant heb ddim i ladd y boen.

Yn y gwledydd hyn mae plant yn marw o afiechydon y mae modd eu rhwystro neu eu gwella; y math o afiechydon na chewch chi mohonyn nhw am eich bod wedi cael eich brechu'n fabi. Y trueni yw nad oes digon o arian i dalu am y pigiadau hyn i bawb.

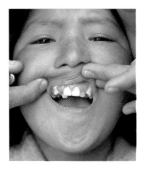

Mewn llawer gwlad, braint yw cael gweld y deintydd.

GWEITHIO I'R CYFOETHOG

Bydd llawer o bobl mewn gwledydd tlawd yn gweithio'n galed iawn. Ond, er hynny, ychydig iawn o arian maen nhw'n ei ennill. A'r hyn sy'n od ydy mai gwneud nwyddau i bobl gyfoethog y maen nhw.

Pa syndod bod y jîns yna a fewnforiwyd mor rhad i'w prynu! A beth am y cyfrifiadur 'na? Hwyrach bod pobl mewn gwlad dlawd wedi niweidio'u llygaid wrth ei roi at ei gilydd.

Mewn rhai gwledydd telir gweithwyr ffatri yn dda, ond gwael iawn yw'r tâl mewn gwledydd eraill.

ADFEDDIANNU'R BYD

Hyd yn hyn dydyn ni ddim wedi edrych ar ôl byd Duw yn arbennig o dda. A ellir gwneud rhywbeth i unioni'r cydbwysedd? Rhoddodd Duw ymennydd a deallusrwydd i ni eu defnyddio mewn modd call neu ffôl. Fe allwn ni ddewis, hefyd, i fyw yn hunanol, neu i rannu ag eraill, a gofalu amdanyn nhw. Gan ein bod ni bellach yn gwybod sut a pham mae'r cydbwysedd wedi'i ddarfu, fe allwn ni roi trefn ar bethau.

Bydd y planhigion a'r anifeiliaid yn eu hadnewyddu eu hunain os cân nhw lonydd i dyfu a chenhedlu. Fe allwn ni ddal i gymryd rhai planhigion ac anifeiliaid ar gyfer ein hanghenion ein hunain—efallai, nid cymaint ag o'r blaen, ond digon, er hynny—ac fe allwn ni wneud yn sicr bod cyfle da ganddyn nhw i ffynnu yn hytrach na diflannu o'r tir.

ARBEDWCH YR ANIFEILIAID

Mae'n bryd meddwl yn galed am yr anifeiliaid y caiff pobl eu hela. Byddai'n drist iawn colli rhywogaeth oherwydd ffasiwn dros dro, ac fe allai diflaniad yr anifail hwnnw darfu mwy ar yr amgylchedd nag yr oedden ni wedi'i dybio.

Unwaith roedd sŵod yn cael gair gwael am ddynnu anifeiliaid o'u cynefin a'u dangos nhw fel gwrthrychau hynod y tu ôl i farrau. Ond heddiw mae ganddyn nhw ran bwysig i'w chwarae wrth helpu i gadw a gwarchod rhywogaethau prin, gan eu magu'n ofalus a dychwelyd rhai i'r gwyllt. Gweithiodd hyn yn dda yn hanes yr orycs Arabaidd a'i gyrn gosgeiddig, a'r bison Americanaidd.

Mae'n bosibl hefyd drefnu gwarchodfeydd yn y gwyllt, a gadael i'r creaduriaid edrych ar eu hôl eu hunain.

Y ceffyl *Przewalski* hwn, a geir yn wyllt ym Mongolia, yw unig berthynas wir wyllt y ceffyl cyffredin. Cedwir rhai o'r ceffylau hyn mewn sŵod i sicrhau parhad y brid.

RHOWCH Y COED YN ÔL

Mae pobl wedi bod yn torri coed yn llawer rhy gyflym. Mae'n bryd arafu'r holl dorri, a phlannu mwy o goed newydd yn lle'r rhai yr ydym yn eu defnyddio. Yn y ffordd yma mae modd mwynhau pethau a wnaed o goed heb niweidio'r amgylchedd.

Gan fod cymaint o goed yn mynd i wneud papur, mae'n ddoeth defnyddio papur fwy nag unwaith. Cofiwch fod dwy ochr i bob dalen. Yna, gellwch roi'r papur sgrap i fudiadau sy'n ei gasglu ac yn ei ailgylchu. Dyna un ffordd i arbed mwy o goed rhag cael eu torri.

FFERMIO YSTYRLON

Gall ffermio gydweithio â natur, ac nid milwrio yn ei herbyn. Mae'n bwysig amrywio'r cnwd sy'n tyfu ar glwt o dir rhag i'r darn pridd hwnnw flino. Mae modd defnyddio llai o gemegau rhag gwenwyno'r amgylchedd. Mae modd gofalu peidio â gadael y tir yn noeth rhag i'r gwynt a'r glaw chwipio'r pridd i ffwrdd.

Gallai newidiadau mewn hwsmonaeth anifeiliaid fod o werth hefyd. Cedwir llawer o greaduriaid o dan do mewn amodau cyfyng, gan roi iddynt fwyd artiffisial. Hwyrach y byddai'n gallach eu gadael allan a chaniatáu iddyn nhw fwyta'r bwyd naturiol a gadwodd eu hynafiaid gwyllt yn iach.

Fe allen ni hefyd ddod o hyd i fwydydd newydd i holl bobl y byd. Mae rhai mathau o wymon yn arbennig o faethlon. Mae rhai mathau o ffwngau yn llawn protein; gallent fod yn fwy blasus na madarch, hyd yn oed! A beth am ddefnyddio ffa yn lle llawer o'r cig a fwyteir gan bobl?

Gall ffermwr dyfu cnydau iach heb ddefnyddio cymaint o gemegau—a medi mwy o flodau gwyllt yr un pryd!

ARBEDWCH BYSGOD

Gan fod pysgod yn dodwy miliynau o wyau mae eu siawns o oroesi — o gael llonydd — yn dda iawn. Erbyn hyn mae llywodraethau'n deddfu ynglŷn â nifer y pysgod y gellir eu dal. Hefyd mae deddfau ar gael sy'n nodi maint y tyllau yn y rhwydi, er mwyn gadael i'r pysgod iau nofio'n rhydd.

Mewn rhai llefydd sefydlwyd ffermydd pysgod. Yma mae pysgod ifanc yn tyfu'n gyflym dan amodau byw da. Mae'r ffermydd hyn yn darparu digon o bysgod heb inni orfod cymryd mwy o bysgod gwyllt.

EICH GARDD GEFN

Os oes gennych chi glwt bach o dir gartref neu yn yr ysgol, meddyliwch am ffyrdd i'w ddefnyddio'n gall. Beth am blannu coeden? Neu beth am dyfu llysiau, a dysgu peidio â thyfu'r un llysieuyn yn yr un pridd y naill flwyddyn ar ôl y llall rhag cronni clefydau a blino'r tir. Neu beth am greu gwarchodfa fechan a gadael i'r clwt fynd yn wyllt er mwyn denu mwy o anifeiliaid a blodau?

MAE GWASTRAFF YN FFÔL

Ni ellir byth roi'r mwynau a dynnir o'r ddaear yn eu hôl. Unwaith y maen nhw wedu'u tynnu o'r ddaear, fe'u tynnwyd am byth. Yr hyn fedrwn ni ei wneud yw sicrhau nad ydyn ni'n eu gwastraffu nhw. Mae modd, ar adegau, i ni ddefnyddio mwynau fwy nag unwaith.

AILGYLCHU

Dyw popeth sy'n cael ei daflu ddim yn ddiwerth. Hwyrach bod modd i bobl eraill ailddefnyddio eich gwastraff chi.

Gellir ailddefnyddio papur (gwelwch 'Adfeddiannu'r Byd – 15') yn weddol hawdd.

Mae banciau poteli yn bethau digon cyffredin hefyd am fod modd ailbrosesu'r hen wydr yn effeithiol.

Sylwedd arall sy'n hawdd ei ailgylchu yw metel; gellir ei doddi a gwneud gwrthrych newydd ohono. Fel mae'n digwydd, mae hi'n cymryd llai o ynni i doddi metel sgrap nag yw hi i doddi'r mwyn metel gwreiddiol. Ac fe wneir peth ymdrech i gasglu alwminiwm, copr a

phlwm. Ond byddwch yn ofalus â phlwm; mae'n wenwynig.

Hwyrach y gallech chi berswadio'ch teulu i fynd â'r sylweddau gwastraff hyn i'r mannau casglu a welir mewn nifer o lefydd.

Os oes gan eich teulu gar ceisiwch feddwl am ffyrdd i'w gadw i fynd cyhyd ag y bo modd. Mae llawer o bobl yn cael gwared o'u hen gar er mwyn cael un newydd, crand, ond drwy gadw'r hen un i fynd mae'n arbed adnoddau'r byd.

Yna, wrth brynu papur sgrifennu a phapur lapio, ceisiwch brynu math sydd wedi'i ailgylchu. Mae'n edrych llawn cystal â pheth newydd sbon.

Tomen o geir mewn iard sgrap. Gellir ailddefnyddio llawer o'r metel hwn, ond bydd llawer o wastraff ar ôl, er hynny.

OSGOI GWASTRAFF

Peidiwch â defnyddio sylweddau sy'n niweidio'r amgylchedd. Os oes dewis, peidiwch â defnyddio plastig. Gall rhai mathau gymryd dau can mlynedd i bydru ar domen sbwriel.

Mae nwyon a elwir yn *chlorofluorocarbons (CFCs)* a ddefnyddir mewn caniau chwistrell ac oergelloedd yn niweidio atmosffer y Ddaear. Yr hyn maen nhw'n ei wneud yw difrodi'r haenen osôn, sef haenen yn uchel uwchben y Ddaear sy'n ein gwarchod rhag pelydrau uwch-fioled yr haul. Gallai gormod o'r pelydrau hyn achosi cancr croen, effeithio ar gnydau a pheri newid i'n tywydd.

Peidiwch â defnyddio chwistrellau sy'n niweidio'r atmosffer. Mae mathau eraill ar gael sy'n gweithio lawn cystal.

Wrth siopa chwiliwch am y labeli hynny sy'n nodi nad yw'r nwydd yn niweidio'r amgylchedd. Yna ceisiwch argyhoeddi eich teulu a'ch cyfeillion i ddefnyddio'r rheini yn lle'r lleill sydd yn niweidio'n Daear.

haul

Yn uchel yn yr atmosffer mae'r haenen osôn yn amddiffyn y Ddaear rhag pelydrau uwch-fioled niweidiol yr haul. Mae nwyon a elwir yn *CFCs* yn araf ddinistrio'r haenen hon; dyna pam fod nifer o wledydd yn cynhyrchu llai o'r nwyon hyn.

pelydrau uwch-fioled yr haul

yr haenen osôn

twll yn yr haenen osôn

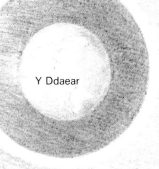

Y Ddaear

GWASTRAFFU YNNI

Mae pobl yn gwastraffu peth wmbredd o olew a glo er mwyn cadw eu tai yn gynnes. Dyna pam y dylech chi ofalu na all y gwres ddianc o'r tŷ, fel bod llai o danwydd yn gweithio yn fwy effeithiol. Atgoffwch eich rhieni fod ynysu'r to a rhwystro drafftiau yn ddwy ffordd effeithiol o wneud hyn.

Gwastraff hefyd yw mynnu mynd â char i lefydd y mae modd mynd iddynt mewn dulliau eraill. Oes modd cerdded neu feicio, neu fynd ar fws neu drên? Os oes rhaid mynd â char, fedrwch chi ei rannu â rhywun arall?

FFYRDD NEWYDD O GADW PETHAU I FYND

Mae miliynau ar filiynau o bobl yn y byd ac mae ar bob un ohonyn nhw angen ynni. Pa fath o ynni sy'n cael ei ddefnyddio yn eich tŷ chi? Os ydych yn byw mewn gwlad 'ddatblygedig' mae trydan yn ynni pwysig iawn. Ceisiwch ddychmygu sut y byddai hi arnoch chi heb ddim byd trydan o'ch cwmpas. Beth fyddech chi'n ei golli fwyaf?

Yna, meddyliwch yn ehangach. Pa fath o ynni mae eich rhieni yn ei ddefnyddio yn eu gwaith bob dydd?

Mae'n debyg y byddai'r ffatri yn stopio'n stond heb drydan na thanwydd. Byddai gweithwyr yn cael eu gyrru adref ac, am na fyddai ganddyn nhw ddim i'w werthu, byddai siopau'n cau. Heb betrol mae pob car a lorri'n ddiwerth.

Ar hyn o bryd daw'r rhan fwyaf o'n hynni o orsafoedd sy'n defnyddio olew neu lo, neu o atomfeydd. Mae'r rhain yn defnyddio adnoddau crai na ellir eu hadnewyddu. Dyna pam ei bod hi'n bwysig datblygu ffynonellau ynni sydd am gymryd eu lle un dydd.

YNNI'R HAUL

Gellir defnyddio gwres yr haul fel ynni uniongyrchol weithiau.

Mae ffyrdd hefyd o grynhoi'r gwres i gynhesu dŵr sy'n creu ager i droi tyrbin, ac felly greu trydan.

Hefyd mae rhai gwledydd yn arbrofi drwy dargyfeirio ynni'r haul a'i adlewyrchu tua'r Ddaear oddi ar loerennau yn y gofod!

DŴR YN LLIFO

Gellir defnyddio dŵr i droi olwynion arbennig, a elwir yn dyrbin, a chreu trydan. Defnyddir pŵer hydro-electrig (dyna y gelwir hyn) yn barod mewn llefydd lle ceir rhaeadrau naturiol. Mae Canada, Brasil, Norwy a Sweden, yn ogystal â Chymru, yn defnyddio llawer iawn ar y dull hwn.

Yn aml, fe drefnir mai rhan o'r rhaeadr sy'n cael ei defnyddio ar gyfer gwneud trydan. Er enghraifft, dim ond yn ystod y dydd y mae'r Niagara enfawr yn rhuthro ar ei hanterth, oherwydd gyda'r nos fe sianelir peth o rym y dŵr tua'r orsaf drydan!

Lle nad oes rhaeadrau naturiol gall pobl godi argae mawr ar draws afon mewn cwm yn y mynyddoedd. Wrth ollwng y dŵr allan dros y tyrbin fe gynhyrchir trydan. Yn anffodus, mae'n rhaid boddi cymoedd prydferth, ac weithiau bentrefi, i wneud hyn.

Gall grym llanw'r môr hefyd greu ynni, ac mae rhai gorsafoedd pŵer llanw ar gael eisoes. Unwaith eto, y dŵr sy'n troi'r tyrbin i greu'r trydan.

GRYM GWYNT

Does dim byd yn newydd am felinau gwynt, ond gall melinau gwynt modern gyflenwi digon o drydan ar gyfer cymunedau bychain. Fodd bynnag, mae angen llawer iawn iawn o felinau mawr i gymryd lle un gorsaf drydan gyffredin.

YMDODDIAD NIWCLEAR

Cynhyrchir ynni niwclear ar hyn o bryd drwy hollti atomau. Mae ymdoddiad niwclear, sy'n gwbl groes i holltiad niwclear, yn broses gymhleth ofnadwy, ond mae'n cynnig gobaith o lawer o drydan rhad ynghyd â llawer llai o broblemau gwastraff niwclear.

Gall rhaeadrau fod yn brydferth ac yn ddefnyddiol o harneisio eu nerth i gynhyrchu pŵer hydro-electrig.

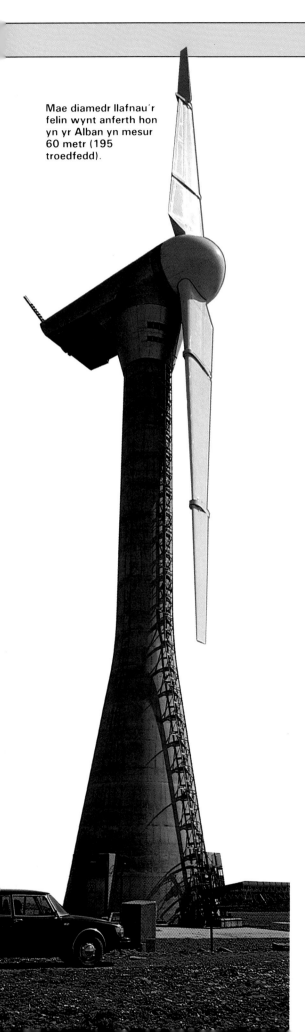

Mae diamedr llafnau'r felin wynt anferth hon yn yr Alban yn mesur 60 metr (195 troedfedd).

PEIDIWCH Â PHW-PWIAN NWY BIO!

Ychydig flynyddoedd yn ôl roedd llawer o bentrefi Indiaidd yn wynebu argyfwng. Doedd bron dim coed tân ar ôl, a byddai plant yn treulio'r dydd i gyd yn chwilio am ddigon at ddefnydd y cartref. Dechreuodd y teuluoedd cyfoethocaf ddefnyddio tail-moch sych fel tanwydd, ond am eu bod yn gwneud hyn doedd dim tail ar ôl i'w roi yn wrtaith ar y tir, felly doedd cnydau ddim yn tyfu.

Yna, cydweithiodd gwyddonwyr â'r pentrefwyr i gynhyrchu treuliwr nwy bio. Tanc yw hwn lle rhoddir tail moch (gan amlaf) i bydru. Wrth iddo wneud hynny mae'n gollwng nwy methan, a gellir defnyddio'r nwy fel tanwydd i goginio.

Roedd y tanc yn rhy ddrud i un teulu, ond gallai'r pentref fforddio rhannu un. Byddai perchnogion moch yn dod â'u tail, a byddai pobl eraill yn dod â gwastraff o fath arall. Ac roedd digon o fethan i bawb.

Wedi iddo bydru gellid defnyddio'r tail o'r tanc fel gwrtaith da i'r caeau. Gallai'r plant fynd i'r ysgol am nad oedd raid iddyn nhw fynd i chwilio am briciau, a gadawyd i'r coed dyfu.

Erbyn hyn mae tanciau tebyg ar waith mewn sawl lle yn India ac yn China hefyd.

YFED A GYRRU

Peth dychrynllyd o beryglus yw yfed alcohol ac yna ceisio gyrru car. Ond erbyn hyn mae rhai ceir ar gael sy'n llosgi alcohol yn lle petrol neu dîsl!

Mantais arall hyn yw nad yw'r math hwn o danwydd yn gollwng nwyon gwenwynig a phlwm i'r amgylchedd.

Mae bodau dynol yn llwyddiannus iawn fel rhywogaeth. Yn ystod y ddau can mlynedd diwethaf mae eu rhif wedi cynyddu laweroedd o weithiau. Un rheswm am hyn yw bod pobl wedi deall sut mae cadw'n iach. Maen nhw wedi darganfod sut mae trin clefydau peryglus a rhwystro pobl rhag cael salwch. Bu gofal meddygol yn llwyddiant mawr, ond mae angen gwneud llawer mwy.

LLAWN DOP, BRON IAWN

Gan fod cymaint o bobl ar gael mae'r byd mewn perygl. Does dim modd gwneud y lle yn fwy, a fedrwn ni ddim gyrru miliwn neu ddwy i blaned arall. Ond fe fedrwn ni gadw ein teuluoedd yn fach fel na fydd cynnydd pellach yng nghyfanswm poblogaeth y byd.

Mewn gwledydd cyfoethog mae pobl yn weddol sicr y bydd eu babanod yn byw yn iach, ac felly maen nhw'n fodlon cael un neu ddau o blant yn unig.

Mewn gwledydd tlawd mae pobl yn cael llawer o blant er mwyn gwneud yn sicr y bydd digon o ddwylo i weithio'r tir ac i nôl y dŵr a'r coed. Bydd y plant hefyd ar gael i edrych ar ôl eu rhieni yn eu henaint.

Pe bai iechyd y bobl hyn yn well byddai modd iddyn nhw gael llai o blant, pe dymunent hynny.

CNOI CIL

Fel yr anghofiodd pobl y gwledydd cyfoethog edrych ar ôl y byd, fe anghofion nhw hefyd edrych ar ôl eu cyrff. Mae llawer yn gorfwyta ac yn bwyta gormod o fwyd sy'n ddrwg i'w cyrff.

Peth trist yw meddwl bod cyrff rhai pobl yn wael oherwydd bwyta gormod, tra bod cyrff eraill yn wael am nad oes ganddynt ddigon i'w fwyta.

Ffordd arall o wneud y byd yn lle gwell yw peidio â bod mor farus am fwyd. Gallai'r rhai sy'n meddu ar ddigon fwyta llai a rhoi mwy i'r anghenus. Pam y dylai pobl gyfoethog gael cig a thatws a llysiau a phwdin tra bo'r tlawd yn gorfod byw ar reis yn unig?

Holwch farn eich teulu am y bwyd yr ydych yn ei fwyta. Ceisiwch weld a oes modd i chi drefnu'ch prydau mewn modd a fydd yn llesol i'ch cyrff ac i weddill y byd.

Mewn gwledydd lle mae bwyd yn brin mae'n bosibl y bydd mudiadau elusengar yn rhoi had i'r ffermwyr fel y gallan nhw dyfu cnwd iach yn y flwyddyn sydd i ddod.

Rhoddodd y ffynnon fodern a syml hon ddŵr glân a chyfleus i'r pentrefwyr hyn.

YR YMWELYDD IECHYD

Mae'n bosibl rhwystro llawer o glefydau os caiff babanod y brechiadau cywir. Mae hi hefyd yn bosibl gwella rhai mathau o salwch yn hawdd iawn. Dyna pam fod ambell wlad dlawd yn hyfforddi rhai pobl i fod yn ymwelwyr iechyd. Mae hyn yn gadael y meddygon i drin pobl sy'n wirioneddol sâl.

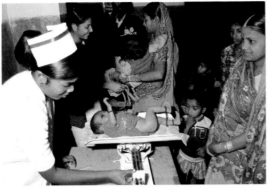

Mae cadw cofnod o bwysau baban yn un ffordd o weld a ydyw'n tyfu'n iach.

DŴR BYWYD

Yn aml iawn gall sicrhau cyflenwad o ddŵr glân wneud pobl ardal gyfan yn llawer iachach. Am swm rhesymol iawn o arian mae'n bosib tyllu am ffynnon mewn man fydd yn gyfleus i nifer o bobl yr ardal.

GWERTH ARIAN

Fe allech dybio ei bod hi'n ddrud iawn i wella iechyd pobl mewn gwledydd tlawd, ond y gwir yw bod arian bach yn arbed llawer o fywydau. Fedrwch chi feddwl am ffyrdd i roi arian i helpu pobl mewn gwledydd tlawd?

CADW'N HEINI

Rhaid i hyd yn oed bobl gyfoethog feddwl o ddifri am gyflwr eu hiechyd. Dyma rai ffyrdd i chi edrych ar ôl eich corff.

Ymarfer yn gyson

Bwyta bwydydd a phrydau iach

Cael digon o gwsg

MAE'N DEG BOD YN DEG

Dim ond un o bob tri o holl bobl y Ddaear sy'n byw mewn gwlad gyfoethog, ond eto nhw sy'n berchen y rhan fwyaf o gyfoeth y byd. Yn aml iawn mae pobl y gwledydd tlawd eisiau byw yr un math o fywyd bras â'r cyfoethog ond all y byd ddim darparu'r un moeth i bawb. Rhaid mai'r ateb yw rhannu pethau yn fwy cyfartal.

Mae pawb yn edrych ar ei ôl ei hun; ond pe baen ni yn 'caru ein cymydog [sef pawb arall yn y byd] fel ni ein hunain', fel y mae'r Beibl yn ei ddysgu, byddai'r Ddaear yn well lle o'r hanner.

FFORDD NEWYDD O FYW I BAWB

Ni all llawer o bobl dlawd y byd gymryd gofal o'u hamgylchedd. Mae cymaint o angen bwyd arnyn nhw fel y mae'n rhaid iddyn nhw dyfu'r un cnwd ar yr un tir am gyfnodau hir, neu adael i'w hanifeiliaid orbori'r tir nes y bydd yn anialwch.

Erstalwm, gallai'r bobl hyn fod wedi symud ymlaen i ardal newydd, ond bellach, gan fod cymaint o bobl yn y byd, a chan fod cymaint o'r byd yn cael ei ddefnyddio i wneud bywyd y cyfoethog yn braf, does unman iddyn nhw fynd.

Rhaid inni feddwl — gyda'n gilydd — am ffyrdd i'r bobl hyn ddefnyddio'u tir yn ddoeth.

MASNACH DEG

Bydd pobl y gwledydd cyfoethog yn prynu llawer o bethau o'r gwledydd tlawd. Er hynny, bargen wael a gaiff y gwledydd tlawd.

Pwy sy'n pacio?

Tyfir cnydau hyfryd, megis te, siwgwr a choffi, yng ngwledydd tlawd y byd. Mae'r bobl leol yn gweithio'n galed i dyfu a medi'r cnwd, ond yna fe allforir y cynnyrch i'r gwledydd cyfoethog i'w bacio a'i brosesu.

Arian bach mae'r tyfwyr yn ei gael am y cynnyrch heb ei bacio, ond fe allen nhw gael llawer mwy pe baen nhw'n cael ei bacio a'i brosesu eu hunain. Mae'n debygol y byddai'r pethau hyn yn costio mwy yn y siopau ond byddai'r bobl dlawd yn cael mwy o waith a mwy o arian.

Prisiau bargen

Gellir prynu rhai pethau'n rhad mewn gwledydd cyfoethog am na thalwyd pris teg i'r bobl a wnaeth y pethau hynny. Masnach deg fyddai bod yn fodlon talu mwy am y pethau hynny er mwyn i'r gweithwyr gael cyflog teg. Byddai'n golygu na fyddai gan y bobl gyfoethog gymaint o arian . . . ond byddai'n decach i bawb.

Mae digon o waith i gasglwyr te yn India, ond gellid creu llawer mwy o swyddi pe bai'r te yn cael ei brosesu a'i bacio yno yn ogystal.

Weithiau mae'n anodd iawn i bobl mewn gwledydd tlawd ddod o hyd i ddarnau sbâr i beiriannau cymhleth sy'n torri . . .

. . . Hwyrach ei bod hi'n ddoethach defnyddio 'technoleg addas'. Enghraifft dda o hyn yw'r pwmp gwynt hwn yn Chile, sy'n syml, yn effeithiol ac yn rhad.

ARFAU ADDAS I'R GWAITH

Wyddoch chi am berson a brynodd wats neu gyfrifiadur neu gêm oedd mor gymhleth fel na allai ei gael i weithio? Neu na allai ei drwsio pan dorrodd?

Gall pobl mewn gwledydd technolegol wneud pob math o beiriannau rhyfeddol: ceir, tractorau, peiriannau ffatri ac yn y blaen. Yn anffodus, mae'r peiriannau hyn yn ddrud i'w rhedeg ac yn anodd iawn i'w trwsio. Os nad yw'r darn cywir wrth law, mae'r peiriant yn ddiwerth.

Bu pobl o wledydd cyfoethog yn hapus iawn i werthu'r math yma o bethau i wledydd tramor am eu bod yn cael arian da amdanyn nhw. Ond bu'n rhaid i'r gwledydd tlawd wario mwy nag y medren nhw ei fforddio er mwyn prynu'r peiriannau ac, yn aml, wnaethon nhw ddim elwa ar y pethau a brynwyd ganddynt.

Teimlad llawer yw y dylid annog y gwledydd tlawd i ddefnyddio offer symlach y medran nhw eu gwneud a'u trwsio eu hunain. Hwyrach na fyddent mor effeithiol â pheiriannau'r gwledydd cyfoethog, ond byddent ar gael ac fe fyddent yn gwneud y gwaith lawn cystal yn y pen draw.

O BLE MAE'N DOD?

Ewch o gwmpas eich archfarchnad leol a sylwi ar y math o fwyd y byddwch yn ei fwyta yn eich tŷ chi. Ceisiwch ddarganfod o ble mae'r bwyd yn dod. Yna, tynnwch lun o fap o'r byd a thynnwch lun y bwyd yn y lle cywir ar y map.

Mae'n debyg y gwelwch chi fod llawer iawn o'r pethau yr ydych yn eu mwynhau yn dod o wledydd sy'n bell i ffwrdd. Rhowch gynnig ar ddod o hyd i wybodaeth am y bobl sy'n tyfu'r bwyd, a holwch pa fath o fywyd sydd ganddyn nhw.

GOBAITH NEWYDD

Dywed y Beibl wrthym fod Duw yn deg ac yn gyfiawn. Mae'n flin pan fydd pobl yn farus ac yn ddi-hid am eraill. Mae ef yn gofalu am bobl y mae pawb arall wedi anghofio amdanynt. Mae'n poeni am y bywyd gwyllt a greodd. Dylai pobl sy'n poeni am Dduw boeni am ei bobl a'i greadigaethau eraill. Dyma ddywed y Beibl:

'Os gwir wellhewch eich ffyrdd a'ch gweithredoedd, os gwnewch farn yn gyson rhwng dynion a'i gilydd, a pheidio â gorthrymu'r dieithr, yr amddifad a'r weddw, na thywallt gwaed dieuog yn y fan hon. . . yna mi wnaf i chwi drigo yn y lle hwn, yn y wlad a roddais i'ch tadau am byth.' (Jeremeia 7:5-7)

'Oni werthir pump aderyn y to am ddwy geiniog? Eto nid yw un ohonynt yn angof gan Dduw.' (Luc 12:6)

(Daw'r dyfyniad cyntaf o'r Hen Destament, a'r ail o'r Testament Newydd.)

Dywed y Beibl hefyd fod Duw yn parhau i reoli'r byd, ac fe ddylai hyn fod yn gysur i bawb! Gwnaeth fyd sy'n newid yn gyson, eto gŵyr beth sy'n mynd i ddigwydd yn y dyfodol, er na wyddon ni. Mae yno i'n helpu wrth i ni ymdrechu i edrych ar ôl y byd yn well.

UWCH AC IS DECHNOLEG

Oherwydd nad ydyn nhw'n hoffi ein dull modern ni o drin y byd, penderfynodd rhai pobl fyw mewn ffordd syml yn fwriadol. Maen nhw'n ceisio ffermio'r tir yn syml ac yn dda a byw yn yr un modd. Yr un pryd maen nhw'n ceisio rhannu gydag eraill.

Penderfynodd rhai Cristionogion, a elwir yn Mennonitiaid, mai ffermio oedd y ffordd gywir i fyw. Roedden nhw'n amhoblogaidd iawn yn Ewrop tua dau can mlynedd yn ôl a bu raid iddyn nhw symud i Ogledd America.

Hyd yn oed heddiw mae'r mwyafrif ohonyn nhw'n byw ar ffermydd. Gwrthododd amryw o'r bobl hyn dechnoleg fodern a dewis defnyddio ceffylau i weithio peiriannau'r fferm ac i dynnu eu ceirt i'r eglwys.

Does ganddyn nhw ddim pobtai crand nac oergelloedd yn eu cartrefi, ond mae'r cynnyrch y maent yn ei fedi a'r bwyd y maent yn ei baratoi yn hyfryd a blasus. Mae eu ffermydd yn llewyrchus ac mae ganddyn nhw arian i'w roi i eraill yn eu cymuned, neu i'w anfon i wledydd tlawd.

Gosododd y Mennonitiaid esiampl dda ddau can mlynedd yn ôl, a hwyrach y dylen ni heddiw ystyried mewn difrif calon eu ffordd o fyw, sef 'mwy a ganddynt lai'.

Ond, wrth gwrs, does dim digon o dir ar gael i alluogi pawb i fynd yn ôl i fyw ar ffermydd bychain. Felly, os ydym yn byw yn y wlad neu'r dref mae'n rhaid inni ddysgu trin arian y byd yn well yn ogystal â'i fywyd gwyllt a'i adnoddau. Rhaid inni, gyda'n gilydd, ddarganfod ffyrdd newydd o gadw cydbwysedd ym myd Duw.

Dwy ffordd gwbl wahanol o gynhyrchu bwyd yn yr ugeinfed ganrif:

Ffermwyr Mennonitaidd yn parhau â'u ffyrdd amaethyddol traddodiadol a llwyddiannus . . .

. . . Tra bo gwyddonydd mewn labordy yn ceisio dyfalu sut mae cael planhigyn i fod yn fwy effeithiol a chynhyrchiol.

CYFOETHOG OND GWAG

Mae gan y gwledydd cyfoethog lawer iawn o wybodaeth a'r rhan fwyaf o gyfoeth a sylweddau y byd. Ond nid ganddyn nhw mae'r atebion i gyd!

Nid yw pob miliwnydd yn llawen! Mae teulu cariadus a thyner werth mwy nag arian, a gallai'r gwledydd tlawd ddysgu llawer yn hyn o beth i'r rhai cyfoethog.

Mae cariad Duw yn bwysicach fyth hyd yn oed. Os creodd Duw ni i fod yn debyg iddo ef, a'n bod ninnau wedi anghofio sut mae bod yn gyfeillion iddo, yna rydyn ni wedi colli darn pwysig o'n bywyd.

Dywedodd Iesu ei fod ef yn gallu diwallu anghenion ein calonnau. Ystyr hynny yw y bydd ef yn rhoi i ni y pethau fydd yn ein gwneud yn wirioneddol hapus, nid mwy o'r pethau hynny sy'n llenwi'n stafelloedd. Mae angen inni glywed yr hyn sydd gan Dduw

i'w ddweud wrthym yn y Beibl.

Fel y byddwn ni'n ceisio byw yn gytûn â'r byd naturiol a phobl eraill ym mhob

man, rhaid i ni ddatblygu ffordd newydd o fyw a ddaw â ni'n nes at batrwm Duw.

Mae pobl hyd a lled y byd yn darganfod fod y Beibl yn dangos ffyrdd iddyn nhw ofalu am y naill a'r llall a sut i rannu yr hyn sydd ganddyn nhw ag eraill.

MYNEGAI

PRINTED IN BELGIUM BY
proost
INTERNATIONAL BOOK PRODUCTION